KB197359

게이미피케이션을 적용한 플립러닝(NABI) 교수설계 및 수업전략

-게임처럼 배우면 얼마나 좋을까 -

최정빈 · 김민철 · 최정혜 공저

NABI 모형은 게이미피케이션을 적용한 플립러닝 수업 모형으로, 방향 찾기 (Navigate), 목표 정하기(Aim), 만들기(Build), 실행하기(Implement)의 절차로 구성된다.

학지사

머리말

　21세기의 교육은 급변하는 기술 발전과 사회적 요구에 대응하기 위해 끊임없이 진화하고 있습니다. 이러한 변화 속에서 교육의 본질을 재고하고 학습자 중심의 교육 방법을 고민하는 것은 그 어느 때보다 중요해졌습니다. 특히 학습의 동기부여와 몰입을 이끌어 내는 방법에 대한 고민은 교육 현장의 주요 과제로 부상했습니다. 이 책은 이러한 시대적 요구에 부응하여, 게임의 흥미와 재미를 학습에 접목시킬 수 있는 '교육 게이미피케이션'이라는 새로운 패러다임을 제시하고자 합니다.

　'게임처럼 공부하기'라는 개념은 처음에는 다소 생소하게 들릴 수 있습니다. 많은 사람이 게임을 단순한 오락으로만 생각하고, 교육과는 거리가 멀다고 여길 수 있습니다. 그러나 게임이 제공하는 몰입감, 도전, 성취감 등의 요소는 학습에서도 충분히 적용될 수 있으며, 오히려 학습의 질을 높이고 학습자들의 참여를 극대화하는 데 큰 역할을 할 수 있습니다. 이 책에서는 게임의 구조와 원리를 어떻게 교육에 적용할 수 있는지, 그리고 이를 통해 학습자들이 자기주도적으로 학습에 몰입할 수 있도록 하는지에 대한 방법을 탐구합니다.

　이 책은 크게 여섯 장으로 구성되어 있습니다. 제1장에서는 '게임처럼 공부하기'라는 주제로, 게임과 학습의 공통점과 차이점을 확인하고 학습에 게임을 접목한 사례들을 살펴봅니다. 제2장에서는 동기부여를 이끌어 내는 게임 디자인의 원리를 중심으로 몰입(flow)과 자기결정이론을 다루며, 이를 교육적 맥락에서 어떻게 적용할 수 있는지를 설명합니다. 제3장에서는 교육 게이미피케이션의 특징과 방법을 소개하며, 전통적 교육 방식의 한계를 짚어 봅니다. 제4장에서는 게임처럼 가르치고 배우는 방법에 대해 다루며, 실제 교육 현장에서 활용할 수 있는 구체적인 전략을 제시합니다. 제5장에서는 게이미피케이션을 적용한 플립러닝 교수·학습설계의 구체적인 예시를 통해 실질적인 교육 적용 방법을 제시합니다. 마지막으로, 제6장에서는 교육 게이미피케이션과 관련된 다양한 궁금증을 해결하는 Q&A 형식의 내용을 담았습니다.

이 책이 교수자와 학습자 모두에게 새로운 인사이트를 제공하고, 더 나은 교육 경험을 만들어 가는 데 도움이 되기를 바랍니다. 게임처럼 즐겁고 몰입할 수 있는 학습환경을 통해 우리 모두가 학습의 진정한 즐거움을 발견할 수 있기를 기대합니다.

저자 일동

차례

제1장

게임처럼 공부하기

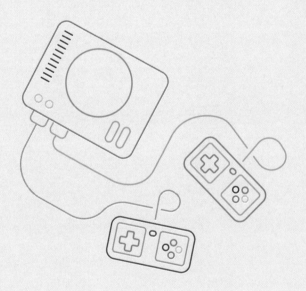

🎮 **학습목표** ....

- 게임이 흥미로운 이유에 대하여 설명할 수 있다.
- 학습자 주도형 공부가 필요한 이유에 대하여 설명할 수 있다.
- 게임과 학습의 공통점과 차이점을 비교할 수 있다.
- 교육 게이미피케이션의 개념을 정의할 수 있다.

1. 공부가 재미있는 것인가

이 세상에는 공부보다 재미있는 것이 너무나 많다. 그냥 많은 것이 아니라, 넘쳐나고 있다. 반대로 이야기하면 공부는 재미없는 것에 가깝다고 표현할 수 있다. 그럼에도 불구하고 지금의 우리는 발전적인 삶을 위해서, 혹은 아직 정해지지 않은 미래를 위해서 누군가는 의무적으로 공부를 해야만 한다. 또 누군가는 공부를 더 잘 가르치기 위하여 노력하고 있을 것이다. 결국, 공부는 재미가 없는 것인데도 책임감으로 채워 가는 것이다. 그런데 공부가 원래부터 재미가 없었던 것일까? 사실 놀랍게도, 본질적인 차원에서 공부는 즐거운 '재미'의 수단이었다.

전기가 없던 과거 옛 시대상을 한번 상상해 보자. 시간은 지금과 동일하게 24시간이었지만, 할 수 있는 것이 많이 없었다. 먹고살기 위한 수렵·채집 등의 생계 활동과 농업·공업 등의 직업적 활동 정도였다. 그러다 간혹 지금의 스포츠와 같은 유희 활동도 즐겼을 것이다. 하지만 그것조차 해가 지면 할 수 없었다. 그렇다 보니 시간의 대부분이 먹고사는 것에 쓰인 것이다. 그럼 지금과 뭐가 다르냐고 반문할 수 있겠지만, 지금의 세상은 일반적으로 '먹고사는' 일에 투입될 때까지 짧게는 20년, 길게는 30여 년의 세월이 소요된다. 그리고 그 오랜 세월 동안 생계형 학습을 해야 한다.

그렇다면 과거, 먹고사는 문제가 해결된 일부의 사람들은 무엇을 했을까? 바로 진짜 공부를 했다. 동서양을 막론하고 공부를 즐기는 사람들을 우리는 선비 또는 귀족 등의 높은 계층으로 불렀다. 공부는 사회지도층만이 누릴 수 있는 매우 진귀한 즐거움이었던 것이다. 누군가의 멋진 철학과 사유 그리고 그것을 명확하게 증명한 계산과 수식이 담겨 있는 책은 새로운 세상을 탐험하는 매우 중요한 기회였다. 책은 세상을 담았고, 그 세상을 접하고 또 익히고 이해하는 것이야말로 그 어떤 것보다 가치 있고 재미있는 것이었다.

공부를 예찬한 대표 인물로 고대 중국의 유학자 공자(孔子, Confucius)가 있

다. 공자는 인간이 도(道)를 행하고 올바른 삶을 영위하기 위한 배움의 가치와
필요성을 『논어』에서 밝히고 있다. 『논어』는 총 20편으로 구성되어 있는데, 처
음 시작 부분인 '제1편, 「학이(學而)」'에서부터 공부의 중요성과 즐거움을 표현
했다.

> "배우고 때때로 익히면, 또한 기쁘지 아니한가(學而時習之, 不亦說乎)?"

공자가 『논어』에서 '배움(學)'을 가장 먼저 언급한 것은 인간의 삶에서 공부
를 통한 성장만큼 중요한 것이 없다는 사실을 강조하고 싶었던 것이 아닐까?
배움을 추구하고 지식을 쌓는 태도는 매우 존귀한 것이고, 지식은 성장과 발
전을 위한 필수적인 도구이다. 끊임없이 공부하고 학문을 추구하는 것은 자기
계발과 인생의 풍요로움을 위한 중요한 수단이 된다.

이처럼 공부의 본질을 깨닫고 즐겁게 꾸준히 배움을 익히다 보면 덩달아 누
군가는 지도층의 반열에 오르는 성공을 거두게 된다. 그러하니 진리와 권력을
모두 탐할 수 있는 '재미있는 것'을 아무나 할 수 있게 두지 않았을 것이다. 그
렇게 공부는 아무나 할 수 없는 귀한 것이 되었다.

재미있는 것이 많아진 현대 사회에서도 공부가 가진 힘은 동일하다. 아니,
오히려 더욱 막강해졌다. 아이러니하게도 공부가 재미없어진 만큼 더 강한 힘
을 가진 것이다. 과거와 다른 의미로 아무나 할 수 없는 것이 되어 버렸다. 우
리는 꾸준한 공부가 주는 달콤한 보상을 어렴풋이 알면서도, 끝내 우리는 집
중하지 못하고 적당한 위치에 머무른다.

사회적 제도가 발전하고 현대에 들어서면서 개개인의 학업적 성취가 직업
적인 숙련 및 사회의 발전에 크게 이바지한다는 것을 모두가 알게 된 후, 이제
공부는 의무가 되었다. 더 나은 시민을 만들어 더 좋은 국가로 성장하기 위해
국가가 정한 의무이자 복지가 된 것이다.

문제는 여기서부터 시작한다. 그 즐거운 게임조차도 의무가 되면 당연히

재미를 느끼지 못하게 된다. 가령, 누군가에게 다음과 같은 지시를 하면 어떤 상황이 벌어질까?

> "지금부터 게임 법칙을 매뉴얼대로 모두 가르쳐 줄 테니 전부 외우고, 다음 주까지 LoL(League of Legend)의 티어를 올려놔야 해!"

이처럼 강압적으로 이야기하거나, 학생이 게임하는 것을 옆에서 지켜보며 훈수를 둔다면 그 재미있는 게임도 바로 흥미를 잃어버릴 것이 뻔하다. 하물며 공부가 의무라니!

보통 사람들은 자신이 좋아하고 흥미를 느끼는 것을 개발하고 성장시키고 싶은 욕구에 더 숙련하게 되는데, 그것을 보통 '취미'나 '관심사'라고 부른다. 더욱이 여가 수준이라면 당연히 자율적인 선택과 흥미에 의해 수행이 이루어진다. 운동, 공부, 게임, 디자인 등 모두 마찬가지이다.

단, 공부를 좋아하는 재능을 가진 사람이라면 많은 이의 부러움과 사회적 지위가 보장된다는 정도의 차이는 있겠다. 그런데 공부는 조금 다른 차원의 것이다. 누구나 선뜻, 온전히 즐기는 것이 아닌 일이기 때문에 의무가 되어 버린 공부! 기본적으로 이 정도는 알아야 한다는 것을 정한 의무교육의 테두리는 결국 창의력과 다양성을 보장하지 못하는 줄 세우기의 수단이라는 문제점을 낳았다. 그래도 공부에 흥미와 재미를 느낀 상위 학생들을 통해 양질의 지성인을 계속해서 기를 수 있으니, 그 정도의 문제는 넘어가도록 하겠다.

그런데 문제는 사회의 발전 속도가 너무 빠르다는 것이다. 성공의 보증수표였던 명문대의 간판은 더 이상 평생 기득권을 보증해 주지 못한다. 일부 공부를 잘하는 지성인들은 더 작은 테두리인 전문직에 포함되기 위하여 사력을 다해야 한다. 그와는 반대로, 최근 학교에서 실패자의 낙인을 받았던 학생들은 각자 고유의 창의력과 실행력으로 스타트 업, 유튜브, 프로 게임 등 새로운 분야에서 성공 스토리를 써 내려가고 있다. 딱딱한 교실에 앉아, 졸지 않고 꾸준히 수업을 들을 수 있는 재능이 있는 학생들만 성공을 보장받던 시대가 아니게 된 것이다. 결국 새로운 가능성을 탐구하고 공부의 본질을 파악하여 몰입한 결과, 자연스럽게 최고의 성과를 거둘 수 있었다. 이제 각기 다른 것을 잘할 수 있는 서로의 재능이 빛을 보는 시대가 성큼 다가온 것이다. 그렇기 때문에 이제 우리는 공부에 대한 관점을 바꿔야 한다.

급변하는 세상에서 교실에서의 공부는 누구나 재미있어야 한다. 아니, 그렇게 만들기 위해 노력해야 한다. 4차 산업혁명에 이르기까지 사회는 빠르게 변화해 왔지만 교실은 변하지 않았다. 단조롭고 지루한 의무로서의 교육은 교실에서부터 변화해야 한다. 학생들의 흥미와 창의성을 자극하고, 다양한 학습방법과 콘텐츠를 제공하면서 개개인의 잠재력을 발휘할 수 있도록 변해야 한다. 사실 이 대목에서 이러한 주장이 말로는 쉬운 '이상론'이라는 것은 잘 알고 있다. 그렇지만 누군가는 시작해야 그 이상론도 현실로 다가오는 일이 될 것이다.

이 지점에서 저자들은 교실 변화의 시작점을 만들기 위해 게임에 주목했다. 교육의 게이미피케이션! 의아해할 수 있을 것이다. 교실을 변화시키고자 하는 숭고한 사명을 위해서 게임에 주목하다니 말이다.

그러나 게임은 사실 동기부여의 총체이다. 누군가 강제로 시키지 않아도 게임 사용자(user)는 스스로 게임을 구동시키고 플레이한다. 단순히 재미라는 말로 넘어가기엔 정말 많은 시간을 게임에 쏟고 있다. MZ 세대는 게임 세대로, 20세까지 평균 1만 시간을 게임에 투자한다. 그리고 게임은 다양한 피드백 장치를 통해 끊임없는 성취감을 전달해 준다. 그 성취감이 새로운 목적 의식으로 작동하는 선순환을 만들어 낸다. 동기부여와 성취감! 이 두 가지가 바로 지금 의무교육으로 전락해 버린 공부에 필요한 핵심요소가 아닐까?

이제 공부가 재미없는 것이라는 고정관념을 깨고, 모든 학생이 즐거움과 성취감을 느끼며 성공적인 학습을 하도록 방법을 찾아야 한다. 자기계발과 성장을 위한 소중한 도구로서 본질적인 공부 지위를 되찾는 것이 필요하다. 그렇기에 이 책에서는 현시대에 가장 강력한 동기부여 메커니즘인 게임을 공부에 매칭하여 살펴보고자 한다.

그런데 가끔 게임의 동기부여 메커니즘을 자칫 단순한 보상체계로 오해하는 경우를 볼 수 있다. 게임은 단순히 스티커를 모으거나 사탕 같은 보상을 얻는 것으로 만족감을 얻는 것이 아니다. 디지털 게임은 강력한 피드백 장치를 가지고 있는 것일 뿐만 아니라 정말 다양한 동기부여와 목적 의식을 제공하는 장치와 수단을 가지고 있다. 다양한 장치를 정확하게 배열하여 게임 사용자(user)가 몰입하도록 만드는 일을 게임 산업에서는 '게임 기획(game design)'이라고 표현한다. 게임 기획의 방법과 요소를 우리 교실에 적용해 보면 어떤 일이 벌어질까? 이는 바로 교수설계로 대응되며, 공부가 '재미있는' 활동으로 회귀할 수도 있지 않을까?

물론 전통적인 교수·학습구조를 고수하는 학문 분야의 경우에는 새로운 교수법이 어울리지 않을 수 있다. 그리고 교육이 항시 진지해야 한다는 기조를 가진 교수자에게는 이러한 변화가 매우 불편할 수도 있다. 하지만 앞서 이야기했듯이 이제 우리의 교육은 변화해야만 한다. 디지털 대전환 시대를 맞이한 이 시점에 우리는 공부 해법을 빠르게 내놓아야 하는 상황에 놓여 있다. 정답이 없는 교육의 변화 방향성에서, 수요자 중심의 사고로 게임 방식론을 하나의 좋은 대안으로 놓고 고민하는 것은 어찌 보면 지혜로운 정답을 마련하기 위한 창의적이고 혁신적인 방안일지도 모른다.

2. 게임은 왜 재미있는가

인생을 살아가면서 그 어떠한 종류의 게임을 한 번이라도 안 해 본 사람은 거의 없을 것이다. 그리고 게임을 한 번만 하고 딱 끊어 버린 사람도 드물 것이다. 많은 사람이 적어도 수차례 또는 수년 동안 게임을 한다. 게임은 '재미'라는 막강한 정신적 감정과 연계되기 때문에 인간이라면 쉽게 게임의 매력에 빠져들 수밖에 없다.

재미는 정신적인 감정 중 하나로 볼 수 있으며 일반적으로 즐거움, 흥분, 흥미와 관련된 감정을 나타낸다. 재미는 긍정적인 감정으로 분류되며 인간의 정서적 상태를 개선하고 삶의 만족도를 향상시킬 수 있다. 재미를 느끼면 인간은 정서적으로나 육체적으로 활성화되고 자유로운 상태가 되어 인간의 삶에 긍정적인 영향을 미칠 수 있다.

좀 더 구체적으로 말하자면, 재미있는 경험은 인간의 인지적 능력을 도전하게 만들고 확장시킨다. 새로운 정보나 아이디어를 탐구하고 이해하면서 인간의 지식과 이해력이 증가되며 그 과정에서 정신적으로 자극이 되고 만족감을 느낀다. 그로 인해서 재미있는 경험은 우리의 감정적인 흥분과 긴장을 자극한다. 우리가 예기치 않은 상황에 직면하거나 도전에 맞서야 할 때, 새로운 경험의 흥분과 도전의 긴장은 우리를 기분 좋은 상태로 이끈다. 이러한 감정의 작용으로 인간은 자연스럽게 재미를 계속 추구한다. 또한 재미있는 활동은 인간의 창의성과 상상력을 자극한다. 인간이 자유롭게 상상하고 새로운 아이디어를 만들어 내는 과정은 창의적 사고와 상상력을 활성화시키고 정신적으로 유익하고 만족스러운 경험을 제공한다.

재미는 주로 활동의 결과물이나 경험의 특성에 의해 유발된다. 예를 들어, 게임을 하며 레벨이 올라갈수록 도전의식이 발동되어 총력을 기울인 결과, 승리로 귀결될 때의 성취 경험은 매우 큰 재미 요소로 작용한다. 그런데 게임뿐만 아니라 우리 일상에서도 다양한 사례를 통해 재미를 느끼는 일이 많다. 그중에서 유의미한 재미 경험으로 학습과정에서 성공적으로 문제를 해결했을 때, 성취감이 커지면서 기쁨을 느끼고 자존감도 높아지는 경우를 들 수 있다.

그런데 이 대목에서 학습과정을 다시 살펴볼 필요가 있다. 모든 학습과정이 재미와 즐거움으로 연결되지는 않기 때문이다. 앞의 사례는 단순히 수동적 암기식 공부 과정이 아닌, 학습자가 능동적으로 문제 해결 기반에서 학습하는 과정을 의미한다. 인간이 학습하는 과정에서 수동적으로 정보나 지식을 받아들이기만 하는 단순 공부 방식은 초반부에 호기심이 다소 일어날 수 있을지 몰라도 깊이 있는 재미로 연결되기는 어렵다. 반면, 지식을 기반으로 학습과정을 스스로 계획하고 문제를 해결해 나가는 능동적인 행위 과정에서는 단계적인 성취감을 맛보고 큰 재미를 느낄 수 있다. 그래서 공부 중에도 누가 시키거나 일방향성인 수동적 공부는 재미가 없고 스스로 계획하고 참여하는 능동적 공부는 재미가 있을 수밖에 없다.

결국 게임이나 학습이나 별반 다를 것은 없는데 왜 게임은 재미있는 것이고 공부는 재미없는 것이라고 치부해 버릴까? 그 핵심은 앞서 설명했듯이 행위의 주체성에 따라 결과가 다르다고 할 수 있다. 한마디로 게임이나 문제 해결 학습과정은 주도성이 강한 반면, 단순 공부는 주도성이 약하다는 차이점이 있기 때문이다.

인간은 주도적으로 행동하고 결정할 때 행복감을 느낀다. 그리고 주도적인 행동은 자기실현(自己實現)에 큰 영향을 준다. 자신의 목표와 가치에 맞게 행동하고 결정하는 것은 개인적인 성취감과 만족감을 얻을 수 있게 해 준다. 자기실현은 인간의 핵심적인 욕구 중 하나로 자신의 잠재력을 최대한 발휘하고 궁극적으로는 자신의 정체성과 존재 의미를 찾아가는 자아실현(自我實現)을 이룰 수 있게 한다.

또한 주도적인 행동은 자율성과 자기결정권을 높여 준다. 자신의 욕구와 목표에 기반하여 행동하고 선택할 수 있는 자유는 개인의 자아존중감을 높이고 스트레스를 감소시킨다. 자율성과 자기결정권은 개인의 삶에 대한 통제와

스스로에게 동기부여가 되는 일과 억지로 해야만 하는 일,
두 경험은 너무나 많은 차이를 가지고 있다.

책임감을 부여하여 삶의 만족도를 높이는 역할을 한다. 그리고 주도적으로 행동할 때 개인은 자신의 동기와 열정을 충족시킬 수 있다. 자신이 중요하게 생각하는 가치와 목표에 대해 직접적으로 행동할 때, 동기와 열정을 가지고 더욱 흥미롭게 목표를 추구하고 문제를 해결할 수 있다. 이러한 동기와 열정은 개인의 삶에 의미와 즐거움을 더해 준다.

인간의 주도성에 의한 긍정적인 요인은 공부하는 과정에서 직접적으로 영향력을 행사한다. 공부할 때 개인의 주도성이 발휘된다는 것은 개인이 자신의 학습을 주도적으로 계획하고 조절하며 목표를 설정하고 노력하는 것을 의미한다. 주도성이 있는 학습자는 자신의 공부 방법과 학습스타일을 선택하고 어떤 자원을 활용할 것인지 결정하는 능력을 갖추고 있다. 이들은 학습목표를 명확히 설정하고 그에 따른 계획을 세우며, 학습과정에서 자기주도적으로 학습자료를 찾아보고 이해하려고 노력한다. 또한 어려운 부분이나 도전적인 과제에 직면했을 때도 포기하지 않고 문제를 해결하기 위해 노력하고 시도한다.

주도성이 발휘되는 학습과정은 개인의 동기와 흥미를 높여 준다. 학습자는 자신의 관심사와 목표에 맞는 주제를 선택하고, 그에 따른 자기주도적인 탐구와 탐색을 통해 새로운 지식을 습득하고 스스로 성장할 수 있다. 이러한 주도적인 학습은 학습동기를 유지하고 성취감을 높이는 데 도움을 준다. 따라서 개인의 주도성은 공부하는 과정에서 매우 중요한 요인으로 작용하며, 주도성이 발휘될수록 학습자의 학습동기와 성과에 긍정적인 영향을 줄 수 있다. 결과적으로 학습과정에서의 주도적인 행동은 자기효능감을 향상시킨다.

자기효능감(Self-efficacy)이란, 개인이 특정한 과제나 상황에서 성공적으로 수행할 능력에 대한 자신감이라고 할 수 있다. 이는 앨버트 밴듀라(Albert Bandura)의 사회학습이론에서 처음 소개된 개념이다.

앨버트 밴듀라는 개인이 행동을 결정하고 실행하는 데 있어 자신의 능력에 대한 믿음이 매우 중요하다고 주장하였다. 이에 따라 자기효능감은 개인이 어떤 도전적인 과제에 직면했을 때, 그 과제를 성공적으로 수행할 자신감의 정도를 나타내는 개념으로 정의되었다. 자기효능감은 개인의 동기와 행동, 성과에 직접적인 영향을 미친다. 높은 자기효능감을 가진 사람은 도전적인 과제에 대해 더욱 적극적으로 참여하고 노력하며, 어려움에 직면했을 때도 계속해서 노력하는 경향이 있다. 이에 반해 낮은 자기효능감을 가진 사람은 자신의 능력에 대한 불확실성과 자신감의 결여로 인해 도전을 피하거나 도중에 포기하는 경향이 있다.

자연스럽게 자기효능감은 학습능력과 밀접한 관계를 갖는다. 자기효능감이 높은 학습자는 일반적으로 공부를 잘할 가능성이 높다고 할 수 있다. 그 이유는 다음과 같다.

첫째, 자기효능감이 높은 학습자는 도전적인 과제에 대해 자신의 능력을 믿고 긍정적으로 대응할 수 있다. 어려운 문제에 직면했을 때도 발전적인 사고를 하고 해결책을 찾으려 노력한다.

둘째, 자기효능감이 높은 학습자는 목표를 설정하고 그에 따른 계획을 세우는 능력이 강하다. 학습목표를 명확히 정하고, 그에 따른 단계적인 계획을 세우며 학습과정을 체계적으로 추진한다.

셋째, 자기효능감이 높은 학습자는 노력과 인내심이 강한 특성을 가지고 있다. 어려운 문제에 부딪혔을 때 포기하지 않고 결과를 도출할 때까지 인내하며 끝까지 노력한다.

넷째, 자기효능감이 높은 학습자는 자신의 능력에 대한 자신감과 성취 경험을 통해 내적 동기를 가질 가능성이 높다. 학습에 대한 흥미와 책임감을 높이며, 스스로 학습을 주도적으로 추구한다.

자기효능감이 높은 학습자 특성

　　종합적으로 자기주도성이 높은 학습자는 공부할 내용을 스스로 선택하고 학습목표를 설정할 수 있다. 또한 공부 방법과 학습 일정을 자율적으로 결정하며 학습에 필요한 자원과 도구를 활용할 수 있다. 이러한 주도성은 학습자에게 자기결정권과 책임감을 부여하며 학습과정에서의 동기부여와 성취감을 높인다. 학습자가 주도성을 발휘하면 더욱 효과적인 학습이 가능해지며 자신의 관심과 필요에 맞게 학습경험을 개인화하고 맞춤화할 수 있다. 따라서 학습자의 주도성은 공부하는 과정에서 매우 중요한 사항이며, 긍정적인 결과를 도출하는 데 핵심적인 요인으로 작용한다.

　　그러나 이쯤에서 우리 현실을 잠시 짚어 볼 필요가 있다. 실제 많은 학습자가 자기주도성을 갖고 학습에 임하지 못하는 것이 현실이다. 그 대표적인 이유로 자기주도학습은 학습자가 스스로 학습목표를 설정하고 학습과정을 조절해야 하는데, 스스로 공부를 주도적으로 운영했던 경험이 부족하기 때문이다. 이는 자기조절 능력의 부족에서 비롯될 수도 있는데, 학습자의 자기조절 능력이 부족하면 목표를 설정하거나 계획을 세우는 데 어려움을 겪을 수 있기 때문이다. 다음으로 효과적인 자기주도학습을 위해서는 효과적인 학습전략을 사용하는 것이 중요한데, 학습자가 학습전략을 충분히 이해하고 적용하지 못하면 효율적인 학습을 할 수 없기 때문이다. 또한 대다수의 학습자는 학습에 대한 흥미와 동기가 부족하여 행동력이 약한 것이 일반적이다.

　　이와 같이 자기주도적 학습에 많은 제약사항이 있음에도 현시대를 살아가는 학습자들은 미래지향적 인재로 거듭나기 위해 반드시 주도성을 강화하고 새로운 가치를 발현해 내는 핵심역량을 개발해야 한다. 그러기 위해서는 각 교육기관이나 교수자는 학습자들이 자기주도성을 갖고 자기효능감을 경험할 수 있도록 필요한 지원과 환경을 제공하는 것이 중요하다.

3. 게임에 관한 오해 몇 가지

게임이란 콘텐츠가 가진 여러 장점은 앞서 언급하였다. 하지만 우리가 마음속 깊이 가지고 있는 불안함이 당연히 있을 것이다. '그런데, 게임은 나쁜 것 아닌가?' 그런 생각이 드는 것이 당연하다고 생각한다. 2010년대 이후 언론에서 만든 게임의 이미지는 '중독'으로 연결되었으니 말이다. 그 중독에 관해서 이야기하기 전에, 공부와 노는 것의 이분법적인 사고에 대해 한번 살펴보고자 한다.

1970년대, 학생들의 학업을 방해하는 최악의 콘텐츠는 바로 만화책이었다. 텔레비전이 널리 보급되기 이전이었으니 가장 재미있는 콘텐츠가 바로 만화였기 때문이다. 국가의 미래를 책임지고 공부에 집중해야 할 학생들이 하라는 공부는 하지 않고 만화책을 보다니, 이는 용서받지 못할 일이었다. 정부는 그 기대에 부응하기 위해 만화책을 한곳에 모아 화형식을 거행하는 행사도 진행했었다.

대한민국은 전쟁 상황에서도 교육의 끈을 놓지 않았을 만큼 교육에 진심인 국가였다. 학생이 집중해서 공부만 할 수 있는 환경을 조성하는 것은 국가적 사명이었고 그 덕분에 학생은 공부에 집중할 수 있는 특권을 부여받았다. 하

만화 화형식
출처: SBS 뉴스토리(2023. 9. 23.).

지만 특권이 가진 의미는 공부 외에 다른 활동을 허락하지 않는다는 것을 내포하고 있기도 했다. 공부 외의 다른 활동은 휴식이 아니라 '노는 것'에 불과한 것이었다.

첫 번째 목표는 바로 만화였다. '저 만화를 불태우면 우리의 미래인 아이들이 공부에만 집중하겠지.' 하지만 우리는 잘 알고 있다. 공부해야 한다는 내재적 동기부여와 자기통제감은 한곳에 묶어 둔다고 나오는 것이 아니라는 것을 말이다. 만화책을 비롯한 만화 콘텐츠 산업이 전부 잿더미가 된 이후에는 영상으로 시선을 돌렸다. 하지만 어디 학생이 극장에 가고 텔레비전을 볼 수 있는가. 〈응답하라 1988〉에서 보면, 학교가 끝나고 난 뒤 극장에 갔다가 학생 주임 선생님에게 걸려서 혼나는 장면을 볼 수 있다. 이런 광경이 그 당시에는 매우 당연한 일이자 일상이었다. 극장에서의 영화 관람은 엄연한 일탈이었다.

하지만 세상에 재미있는 것은 계속해서 등장한다. 학생들은 학업에 집중하지 않고 놀 궁리만 하니, 나라에서는 스스로 밤에도 공부할 수 있는 야간자율학습이라는 좋은 취지로 학생들을 졸업 때까지 학교에 묶어 두었다. 그 유명한 0교시(7~8시)부터 시작해 야간자율학습(10시 이후)으로 끝나는 시간표에서 볼 수 있듯이 학업의 목적과 동기부여를 주는 고민이 아니라 끝까지 참고 인내해서 견디는 학생만이 과실을 따는 형태의 교육이었다. 두발 제한과 체벌 그리고 0교시까지, 우리 교육이 지향하는 방향성을 명확히 보여 주는 제도였다. 인권도 존재하지 않는 마당에 즐길 권리는 언감생심이었으며, 창의력은 배제한 극한의 효율 중심 교육이었다.

게임은 동네 오락실에서 처음 선보였다. 공부하는 곳 외에 청소년이 모이는 곳은 당연히 일탈의 장소였다. 오락실은 부모님 몰래 공부보다 더 재미있는 것을 대신 하는 곳이었다. 세상의 다양한 경험을 공부라고 이야기하는 시대가 아니었다. 오직 시험 점수만이 공부의 결과였다. 쉰다는 개념도 사실 존재하지 않았다. 청소년에게 학업의 반대말은 없었다.

이처럼 만화를 불태우고 영화를 검열하면서 청소년의 즐길 거리를 없앴다.

학생 인권이 없던 시절을 대표하는 몇 가지 사례.
7시에 등교하는 사회적 풍토 때문에 한 예능에서 고등학생에게 아침밥을 차려 주는
예능 프로그램을 인기리에 방영하기도 했다.
출처: 조현철, 이윤주(2006. 4. 10). (좌); 어기선(2022. 10. 21.). (우).

하지만 시대가 변화하면서 문화산업의 규모가 커지고 디지털 기술이 삶의 중심에 자리를 잡으면서 게임을 기존의 콘텐츠처럼 마냥 재단하기는 어려워졌다. 컴퓨터를 좋아하는 일부 청소년들만 즐기던 게임이 학부모와 교육기관의 본격적인 '적'으로 자리 잡은 것은 PC방의 등장과 〈스타크래프트〉의 열풍이 그 시작이었다.

게임 콘텐츠의 청소년 심의제도 도입을 통해 학생들을 잠시 PC방에서 멀어지게 만든 적은 있지만, 게임은 어른들의 상상과는 다르게 이미 매우 빨리 학생들의 여가생활에서 가장 큰 비중을 차지하는 콘텐츠가 되었다. 공부의 반대말이 아니라 여가의 대표 활동이 된 것이다. 주 5일제의 본격적인 시작과 함께 여가의 중요성이 강조되는 사회적 분위기도 큰 역할을 하였다.

게임을 학생 곁에서 이렇게 방치한다고, 게임을 몰래 즐겼다고 해서 큰 문제가 되었을까? 사실 우린 더 재미있는 것 때문에 학업을 소홀히 한다는 논리가 말이 안 된다는 것을 이미 다 알고 있다. 한국 온라인 게임 산업의 모태는 서울대학교와 카이스트의 전산학과 출신들이 일궈 낸 것이다. 여가로서 게임을 좋아했고, 또 학업으로 최신 컴퓨터공학의 기술을 익힐 수 있었기에 가능했던 일이다.

2000년대 초반 게임 산업과 e-sports 산업의 약진, 게임의 세대적·문화적

확산에도 불구하고, 2005년 '바다이야기 사태' 사건이 터지면서 게임은 '게임 중독'이라는 매우 혹독한 담론을 마주하게 된다.

'바다이야기 사태'는 결론적으로 카지노, 슬롯머신과 다름없는 현금환전형 사행성 도박에 정식 게임으로 인가를 내주면서 발생한 어처구니없는 사건이 었다. 검찰과 정치권이 본격적인 제재를 가하기 시작한 2007년까지 전국의 오락실 1만 5천여 곳 중 1만 3천여 곳이 성인용 오락실이었다. 동네 방방곡곡을 바다이야기 간판으로 가득 채울 만큼 광풍이 불었다. 게임을 빙자한 사행성 도박장이 우리 집 앞에까지 생긴 꼴이 된 것이다. '게임 = 도박'이라는 프레임은 이미 당연해졌고, 그 자리를 그냥 지키고 있던 애꿎은 전자오락실 역시 같은 취급을 받기도 했다. 이 사태는 영상물등급위원회가 아닌 게임을 전문으로 등급, 심사하는 게임물등급위원회가 출범하게 된 계기가 되기도 했다.

처벌과 함께 '바다이야기 사태'는 일단락되는 것 같았지만, 문제는 도박이라는 프레임이 결국 '중독'으로 이어졌다는 점이다. 게임 콘텐츠 분야의 연구적 토양이 아직 부족한 시절에, 게임에 관한 연구는 '심리학'과 '교육학'에서 도맡아 해 왔다. 당시 연구를 보면 게임의 장르, 즐기는 게임의 형태 등은 무시하고 게임을 하는 것에 대해서만 통제변인으로 설정하고 연구를 진행한 논문도 상당수 존재한다. 영상으로 치면 다큐멘터리와 상업용 액션영화를 각각 별도로 즐기는 사람에게 동일한 설문을 진행한 꼴이다. 그만큼 게임 콘텐츠 본연의 모습에 관심이 있다기보다는 '게임을 하는 행위' 자체를 부정적으로 바라보고 싶은 연구자의 시선이 문제였다고 할 수 있다. 기성세대는 이해하지 못하는 새로운 세대의 여가 콘텐츠를 이해할 마음도, 이해하려는 노력도 없이 무서운 것으로 정의 내리는 소위 '게임포비아'의 상황에서 성급히 단정 내린 것이다. 물론 이 상황은 '바다이야기'에서 촉발되어 건전한 논의를 만들 기회 자체가 없어진 것에서 기인한다고 볼 수 있다.

하지만 이제는 게임 세대 역시 40대 이상의 나이가 되었다. 게임을 이해하고 즐기는 세대가 사회 전반에 걸쳐 중립적인 시각에서 출발한 많은 논의를 진행하고 있다. 연구 분야 역시 마찬가지이다. 시대와 담론이 형성한 '공포'에서는 어느 정도 벗어나 비로소 생산적인 논의를 할 수 있는 상황을 맞이하였다. 이런 담론의 형성과정을 보면, 셧다운제라는 말도 안 되는 법안이 한때 유지되었던 것이 그리 이상한 것만은 아니었다. 이 법안이 아직도 있었다면, 게임적인 요소가 포함되어 있는 세계적인 교육용 애플리케이션(이하 앱) '토도수학'을 밤 10시 이후에는 플레이할 수 없는 웃지 못하는 일도 발생했을 것이다. 혹자는 게임으로 인가를 받은 애플리케이션이 아니기 때문에 상관없다고 할 수 있다. 하지만 갈수록 그 경계가 모호한 서비스가 출시되고 있는 현 상황에서, 게임의 선을 명확하게 그을 수 있었을까? 아니면 밤 10시 이후에는 모든 청소년의 스마트폰 앱이 셧다운되는 상상을 해 볼 수도 있다. 그저 공부에 방해가 된다는 이유로 말이다.

　게임의 담론이 형성된 과정이야 그렇다고 치고, 정말 궁금한 이야기를 해보고자 한다. 게임은 진짜 중독성이 있는가? 이 질문에 대답하려면 크게 두 가지가 필요하다. 첫 번째는 중독의 정의가 필요하다. 중독의 명확한 정의가 있어야 게임이 그 틀에 들어맞는지 확인할 수 있고 그 인과성을 알 수 있기 때문이다. 두 번째는 게임을 몇 년 이상 오랜 시간 즐긴 청소년을 선정하여 추적 관찰조사를 실행해야 한다. 이는 패널조사라는 방법으로, 상당히 큰 노력이 필요한 연구 방법이다. 텔레비전의 폭력성 연구도 이러한 과정을 거쳐 영상의 명확한 등급 규정을 만들기도 했다. 앞서 정의한 중독의 카테고리에 맞게 추적 관찰조사를 한다면, 게임이 중독을 유발하는 원인이 되는지 확인할 수 있다.

　그럼 중독의 정의부터 알아보도록 하자. 중독은 최초에 특정 물질을 개인이 반복해서 사용하거나 투입하며 생기는 '물질중독' 문제로 정의하였다. 물질중독은 크게 두 가지의 특징을 가지고 있다. 첫째는 바로 반복되는 물질의 사용이다. 알코올, 니코틴, 마약 등 반복해서 복용을 하다가 어느 순간 자신의 의지와 상관없이 물질을 투여하게 될 때, 그때를 중독의 첫 시작으로 보고 있다. 둘째는 이렇게 복용을 시작한 물질에 대하여 의존적 성향을 보일 때이다. 바로 금단현상이 일어나는 것이다. 약물의 복용과 의존에 따른 금단현상은 바로 내성이라는 특성으로 돌아간다. 내성은 동일한 효과를 얻기 위해 지속해서 약물의 양이 더욱 늘어나는 상황을 일컫는다. 이렇게 약물의 양이 계속해서 늘어나면 어느 순간 몸이 견디지 못하는 순간을 맞이한다. 내성으로 인하여 물질의 복용량이 급진적으로 증가하면 이미 돌이킬 수 없는 순간이 온다. 사회적·물질적 건강을 모두 잃게 되는 순간이다. 이것이 바로 '물질중독'의 무서움이다.

이러한 설명에 따르면 게임은 중독일까? 물질 대신 콘텐츠를 소비하는 것으로 보면, 그 소비를 지속하면 게임에 대한 의존적인 성향과 금단현상이 계속해서 강해지는 것인가? 그리고 끝내는 게임을 소비하는 시간에 내성이 생겨서 5년 이상 게임을 지속한다면, 하루 종일 게임을 하지 않으면 안 될 정도의 '게임 내성'이 생기는 것인가? 게임을 많이 접하지 않았던 분들에게는 그럴듯해 보이는 이야기일지 모른다. 하지만 그렇지 않다. 곰곰이 생각해 보면, 국내에 게임이 주류 여가활동으로 자리 잡은 지 30년 가까운 세월이 되었지만 게임중독으로 고생하고 있는 성인 집단의 발생은 아직까지 발견된 바가 없다. 간혹 개별적으로 게임으로 인해 고생하는 성인이 있다는 가정사는 들리지만, 그건 낚시나 테니스 같은 기타 '중독성'이 강한 여가활동과 마찬가지로 보인다.

백번 양보해서 게임은 도박과 같은 행위중독의 위험성이 있다는 이야기의 신빙성을 한번 따져 보도록 하자. 즉, 이들의 주장은 유독 과도한 게임 사용만 병리적(pathological) 문제로 보는 것이다. 그중 가장 뼈대가 되는 논리가 도박과 게임을 같은 선상에서 보는 것이다. 하지만 명확하게 게임의 콘텐츠를 정의하자면 도박이 게임 형태로 존재하는 경우가 있는 것이지, 게임이 도박으로만 이루어진 것은 아니다. 그렇게 치면 낚시 역시 매우 강력한 뽑기 도박이라고 할 수 있다. 어떤 사이즈의 어떤 물고기가 잡힐지 모르고, 계속해서 도전하는 뽑기 같은 것이다. 하지만 그것이 낚시의 전부라고 할 수 있을까?

계속해서 같은 맥락이지만, 게임은 사람들에게 동기부여와 몰입을 주는 매우 강력한 도구이다. 여기에 도박의 메커니즘, 즉 현실의 재화를 얻는 형태의 보상이 추가된다면 매우 무서운 형태의 콘텐츠가 되는 것은 맞다. 그렇기 때문에 '바다이야기 사태'에서 충분히 배웠듯 우리는 사행성을 매우 엄격하게 단속하고 있다. 내국인 카지노도 「폐광지역 개발 지원에 관한 특별법」으로 인해 전국에서 유일하게 한 곳만 운영되고 있는 것처럼 말이다.

그럼에도 불구하고 게임을 도박과 같은 선상에서 보고자 하는 의학계의 노력은 지속되고 있다. 통상 정신질환의 경우 미국의 『정신질환 진단 및 통계편람(Diagnostic and Statistical Manual of Mental Disorders: DSM)』에 포함이 되어 있을 때 그것을 병이라고 명명하고 치료법을 제시한다. DSM은 1952년 1판에서 시작해 2022년도에 개정된 5판 수정판(DSM-5-TR)까지 지속해서 개정되어 왔다. 재미있는 것은 이 개정 과정에 시대상을 반영한 경우가 많았다는 것이다. 1968년에 출판된 2판에서는 청소년의 가출이 정신장애의 하나로 분류가 되었다. 가출을 하면 정신병원에 가서 치료를 받아야 하는 것이었다. DSM-3에서 동성애는 매우 중증의 정신질환으로 분류되었지만, 가장 최근 버전의 5판 수정판에서는 진단 범주에 포함되지 않았다. 즉, 병이 아닌 것으로 판단한 것이다.

DSM-5에서는 '추가 연구를 위해 고려해야 할 사항들(Conditions for Further Study)'이라는 섹션이 새롭게 추가되었다. 즉, 논의와 연구가 계속해서 진행되어야 할 분야라고 명시를 한 것인데, 여기에 카페인 중독 증상과 함께, 인터넷 게임 이용 장애가 표기되어 있다.

이 결정은 매우 큰 논란을 촉발하였다. 추가 연구가 필요한 진단적 상태라고 명시되어 있음에도, 누군가에게는 병을 만드는 책에 게임이 병을 유발하는 기제로 등록된 것이니까 말이다. 논의의 과정은 이 두 가지 관점의 대립으로 볼 수 있다. 게임의 과도한 사용에 대해 병리적(pathological) 문제로 보는 입장과 사용자의 인지적 문제, 다시 말해 자기통제(self-regulation)의 문제로 보는 견해의 차이점에서 시작된 대립이다.

게임을 한다고 멀쩡한 사람에게 병이 생긴다면 병리적인 문제인 것이고, 개인의 불안이나 우울, 자기통제에 어려움을 겪고 있던 사람의 문제행동이 게임을 통해 발현된다면 그것은 자기통제의 문제로 볼 수 있다. 전자든 후자든, 어찌되었든 게임은 최근 세대에게는 청소년기부터 상당히 긴 시간 동안 노출된 콘텐츠이다. 이 때문에, 게임이 미치는 인지적 영향에 대해서는 개인 발달상의 문제와 개인의 개별적 특성을 함께 고려해야만 그 영향력을 확인할 수 있다. 이러한 이유로 게임 이용자 청소년을 몇 년간 추적 관찰조사를 해야 하는 것이다.

인터넷 게임 이용 장애는 유독 한국과 중국에서만 큰 이슈였다. 중국의 경우, 공산국가답게 현재 청소년 셧다운제가 존재하는 유일한 나라이다. 나라의 특성상 모든 콘텐츠와 커뮤니티를 검열하지만, 이러한 규제에는 게임 내의 커뮤니티만큼은 적절한 통제가 되지 않았다는 이유도 있으며, 시진핑 주석이 주도하는 디지털 규제 정책을 뒷받침하기 위한 여러 학술적 논리가 필요한 이유도 있었을 것이다.

한국에서는 정신과 의사 출신인 신의진 의원이 2013년 대표로 발의한 「게임중독법」[1]이 뜨거운 감자가 되어 대한민국의 게임 이용자를 모두 중독자로 만들었던 시기가 있었다. 게임에 관한 인식만을 부정적으로 만든 채, 20대 국회로 넘어오면서 해당 법안은 역사 속으로 사라졌다. 알코올이나 담배, 마약 등 중독의 관리 및 통제를 하는 '의료체계적 이권'이 각기 다른 부처에 혼재되어 있던 상황에서, 이 중독법은 인터넷과 게임을 중독으로 둔갑시켜 새로운 이권을 차지하려고 했던 '누군가'의 노력으로 비치기도 한다.

DSM-5에서도 인터넷 게임 이용 장애에 대하여 언급할 때 '아시아 국가'에서 제시한 근거를 기반으로 작성되었다고 명시되어 있다.[2] DSM-5에서 제시한 인터넷 게임 이용 장애의 특징은 다음과 같다.

---

1) 보통 「게임중독법」으로 불리는 4대 중독법에는 알코올, 마약, 도박, 게임이 포함되어 있다. 담배는 빠져 있다. 이유는 알려지지 않았다.

2) "Much of this literature stems from evidence from Asian countries and centers on young males."로 표기되었다. 아시아 국가에서 얻은 증거에 기반한 문헌이 많이 있다는 것을 의미하며, 특히 젊은 남성들을 중심으로 연구가 집중되고 있다는 내용이다.

- 게임에 대한 지속적인 강박적 욕구와 관심을 보임
- 게임을 통해 성취감을 얻으며, 점점 더 많은 시간을 소비함
- 게임을 중단하려고 하거나 제어하기 어려움을 경험함
- 게임으로 인해 사회적·학업적·직업적·개인적 문제를 겪음

"해당 증상이 1년 이상 지속될 경우"

우린 살면서 간혹 스스로를 통제하지 못하는 경우를 경험한다. 실연의 아픔으로 폭음을 일삼았던 경험, 누군가를 좋아해서 데이트를 신청하고 싶지만 아무것도 하지 못했던 일, 당구나 테니스에 빠져 오직 그 스포츠만 떠오르던 기억 등 게임 역시 그러한 경험을 선사해 주는 매우 매력적인 취미라고 할 수 있다.

DSM-5에서는 이와 같은 전제 조건을 제시하였다. 그러면 정말로 1년 이상 지속해서 게임 이용 장애를 일으킨 사람들이 있었을까? 앞서 언급했듯이 대한민국은 게임 이용 장애의 최전선에 있는 국가이다. 정신과 의사 몇몇은 게임을 병으로 만들기 위해 부단한 노력을 하였고, 몇몇 학자는 말도 안 되는 일이라며 사실이 아니라는 논리적 근거를 만들기 위해 엄청난 노력을 했다. 흔히 알고 있듯이 어떤 일이든 사실이 아닌 것을 사실이 아니라고 밝히는 것은 매우 어려운 일이다.

게임을 주관하는 부처인 문화체육관광부 산하 한국콘텐츠진흥원에서는 2013년부터 게임 이용자 패널 데이터를 구축하여 게임이 청소년과 성인에게 어떤 영향을 미치는지를 알아내기 위한 추적 관찰조사를 실시했다. 2013~2018년도의 5개년 1차 패널조사는 일단락이 되었고, 현재 2차 패널조사가 진행되고 있다. 이 조사는 청소년과 청소년의 부모, 사회인지과학과 임상의학이 결합된 세계 최초이자 유일의 연구이다. 패널조사의 특성상 연구의 결과는 많은 시간이 걸린다. 한때 논란이 되었던 시기에 준비된 연구이기 때문에, 지금에야 유의미한 결과가 도출되고 있다.

게임 이용자 패널연구가 어떤 결과를 도출했는지 살펴보자. 한때 게임에

빠져 있던 이용자 중 1년 이상 과몰입에 지속되고 있는 사례는 전무했다. 이 패널연구조사는 2천 명의 청소년을 중심으로 종단적 데이터를 구축하는 것이 목적이기 때문에, 충분한 대표성을 지닌 연구표본이라 할 수 있다. 즉, 대한민국의 청소년은 DSM-5에서 이야기한 게임 이용 장애 기준에 부합한 경우가 발견되지 않고, 게임에 과몰입한 순간에 스스로 회복하는 힘을 가지고 있다는 것을 의미한다.

그렇다면 게임 이용 시간은 정말 청소년에게 나쁜 영향을 미치지는 않았을까? 그리고 청소년들이 할 일을 하지 못할 정도로 게임에 빠지는 원인은 무엇일까? 게임 이용자 패널연구를 이끌었던 건국대학교 정의준 교수는 게임 이용자패널 데이터를 토대로 하여 한국, 미국, 싱가폴 3개국 공동 연구로 진행하였고, SSCI 저널로에 등재된 논문으로 그 질문에 대한 답변을 찾아냈다.

정의준 교수는 "게임 이용은 청소년 심리 및 인지적 문제는 물론, 게임 이용 장애에도 유의미한 영향을 주지 않았다."라고 밝혔다. 해당 논문에 따르면 게임 이용 시간은 청소년의 불안, 우울, ADHD(주의력결핍 과잉행동장애), 자기통제력 등에 영향을 주지 않았고, 궁극적으로 청소년의 게임 이용 시간은 게임 이용 장애에도 유의미한 영향이 없었다는 결과가 나타났다. 쉽게 이야기하면 게임을 즐기는 시간이 길다고 해서 짧은 시간을 즐기는 친구들보다 더 큰 문제가 생기는 것은 아니라는 결론이다. 이 논지는 매우 중요하다. 중독의 기본적인 성격은 많이 노출될수록 헤어 나오기 어려운 것이기 때문이다.

그렇다면 게임에 갑자기 빠져드는 경우는 어떤 상황일까? 정의준 교수는 가정 환경에 주목했다. 연구에 따르면 청소년과 부모와의 갈등, 대화 부족 등이 청소년 불안과 자기통제력을 악화시켜 궁극적으로 게임 이용 장애 정도를 증대시켰다는 것이다. 또한 설령 일시적으로 게임에 빠졌다 하더라도 크게 걱정할 필요는 없다. 연구 결과 게임 과몰입 점수가 높은 청소년도 2년간 높은 점수를 유지하는 경우는 22.2%였고, 3년까지 지속된 경우는 12%에 그쳤다. 이 중에서 고위험에 속하는 점수를 1년간 유지한 사례는 없었다.

마지막으로, 정의준 교수는 "게임 이용 장애는 심리적 상태와 ADHD, 충동 조절 등에 크게 영향을 받는 것으로, 정신건강 분야에서 그 자체로 독립적으로 구별짓기 어려운 개념이다."라며 "따라서 게임 이용 장애를 논한다면, 청소년 게임 이용 그 자체보다는 그들의 심리상태와 충동조절 및 자기통제의 문제와 그에 영향을 주는 사회적 환경(가정 환경)에 집중하는 게 합리적이다."라고 덧붙였다.

결론적으로 게임은 중독이라고 보기 어렵다. 특히 게임을 많이 한다고 정신적인 문제가 발생하는 것은 더더욱 아니다. 우리가 자극적인 멘트와 기사에 몰입되어 있을 뿐, 이미 많은 연구가 사실이 아니라고 검증하고 있다. 삶의 힘든 일 때문에 드라마에 빠지거나, 게임에 빠지는 일은 누구나 선택할 수 있는 흔한 도피처 중 하나일 뿐이다. 게임의 특별한 부분은 지금까지 발명된 콘텐츠 중에서 몰입과 동기부여를 만들기에 최고로 적합한 콘텐츠라는 것이다.

게임의 발전과 역사는 디지털과 궤를 함께하고 있다. 게임을 즐긴 적이 없어서, 게임을 모르기 때문에, 주변에 나쁜 사례를 들은 적이 있어서 계속해서 멀리한다면, 언젠가 내 자녀가 식당의 키오스크 앞에서 우물쭈물하는 모습을 보게 될지도 모른다.

과거, 게임을 모르는 가짜 전문가들이 '게임포비아'를 선도했다면 이젠 게임을 즐기고 함께하는 게임 전문가들이 '게임 리터러시'를 이야기한다. 게임은 무섭고 피해야 할 대상이 아니라 즐겁게 써먹어야 할 콘텐츠일 뿐이다. 이렇듯 게임이 가진 장점은 재미있어야 하는 공부에서 더욱이 필요한 요소일 것이다.

4. 학습자 주도형 공부는 왜 필요한가

최근 우리나라 교육생태계는 4차 산업혁명의 대전환 시기를 맞이하여 교육 패러다임이 급속도로 변화되고 있다. 대표적으로 눈에 띄는 점은 기존의 학습 자료원이 서책형 교과서에 국한되었다면 최근에는 교수자의 강의 콘텐츠를 비롯하여 다양한 OER(Open Education Resource) 자료를 활용한다는 점이다. OER의 대표적인 예로 MOOC(Massive Open Online Course), 마이크로 러닝, 유튜브 등이 있으며, 이와 같은 공개된 학습자료원이 실제 수업에서 많이 활용 되고 있다. 그 밖에 러닝 플랫폼, 메타버스 플랫폼, 디지털 협업 도구 등 다양 한 에듀테크도 적용되고 있다.

한편, 교육의 형태에 있어서도 온라인과 오프라인을 혼합한 '블렌디드 러 닝'이 활성화되고 있으며, 대표적으로 '플립러닝'과 '하이플렉스 러닝'의 체계 로 많이 변모하고 있다.

이러한 시대 흐름 속에서 가장 두드러지는 변화가 있다면 학습의 주체가 교 수자 중심에서 학습자 중심으로 변화하고 있다는 점이다. 이를 교육학에서는 지식을 인식하는 관점에 따라 객관주의 관점에서 구성주의 관점으로 변화되 고 있다고 설명한다.

부연 설명을 하자면, 객관주의 관점은 지식이 외부 세계의 객관적인 현실 에 기반하며, 그 현실을 정확히 이해하고 반영하는 것이 교육의 주요 목표라 는 믿음을 바탕으로 한다. 그렇기 때문에 교육과정과 교육방법은 학생들이 객 관적인 지식과 사실을 습득할 수 있도록 구성한다. 다시 말해, 객관주의적인 교육은 학생들이 주어진 지식을 습득하고 이해하는 데 초점을 두며, 교수자는 주로 지식 전달자 역할을 수행한다. 그 결과, 학습자들은 정확한 지식과 사실 을 학습하고 이를 평가와 시험을 통해 확인할 수 있다.

반면, 구성주의 관점에서 교육은 단순히 지식 전달이 아니라, 학습자들이 학습대상에 의미를 부여하고 자신의 경험과 타인과의 상호작용을 통해 지식

을 구성하고 학습하는 과정이다. 구성주의적인 교육은 학습자들의 참여와 상
호작용을 장려하며, 학습자들의 배경을 고려하여 학습환경과 수업 내용을 구
성한다. 그 결과, 학습자들은 자기주도적으로 공부하고, 동료 학습자 및 교수
자와의 상호작용을 통해 사회적인 의미와 관계를 형성하며 지식을 구축한다.
이러한 교육학적 관점에서 객관주의와 구성주의는 각각 지식 전달과 의미 체
계 형성, 상호작용을 강조하는 것에 대한 차이를 보여 준다.

　교육 패러다임은 시대와 사회의 변화에 따라 변모해 왔다. 과거의 전통적
인 교육 패러다임은 지식 전달과 교사 중심의 학습을 강조했다. 그러나 최근
몇십 년간 교육 패러다임은 혁신과 변화를 거듭하며 다양한 변화를 겪었다.
그러한 변화의 핵심에는 시대가 원하는 인재상이 변모되었기 때문으로도 해
석할 수 있다.

　과거 정보화 시대까지만 해도 한 개인이 정규교육을 마치고 시험을 치러 합
격하면 평생직장이 보장되었다. 또한 학교에서 공부한 내용을 잘 기억하고 문
제를 풀면 큰 문제 없이 좋은 기회와 성과가 주어지던 사회였다. 그러나 지금
은 상황이 달라졌다. 하루가 다르게 급변하는 현대 사회에서는 정보의 양 증
대와 함께 지식의 수준들이 전반적으로 깊어지고 있어 우리는 복잡한 사회 속
에서 평생학습을 해야 하는 샐리던트(saladent: salaried man+student)로서의
삶을 살아가야 한다.

　그럼 지금과 같이 4차 산업혁명 시대에 학습자 주도형 평생학습이 필요한
이유는 무엇일까? 4차 산업혁명 시대는 기술의 지속적인 변화와 혁신이 특징
이다. 새로운 기술과 개념이 빠르게 등장하고 업데이트되는 환경에서는 학습
자 주도형 공부가 필요하다. 학습자는 자신의 관심 분야에서 최신 동향을 주시
하고, 자기주도적으로 새로운 기술과 개념을 습득하여 기술적으로 능숙해질
필요가 있다. 그리고 4차 산업혁명 시대에서는 학습자가 자기주도적인 역량과
적응력을 갖추어야 한다. 변화에 빠르게 대응하고 새로운 기술과 도구를 습득
하여 적용할 수 있는 능력이 필요하기 때문이다. 과거 정보화 사회까지만 하더
라도 새로운 기술력을 이해하기 위해서는 리터러시(literacy)를 중요하게 생각

했다. 그동안은 리터러시를 문해력으로 정의하고 주로 글을 읽고 해석하는 정도의 수준으로 이해했다면, 지금은 새로운 차원의 '디지털 리터러시'가 중요한 시대가 되었다. 하루가 멀다 하고 다양한 기술이 등장하고 활용되면서 사회구성원들은 하나같이 그 기능들을 익히기 위해 노력·적응하고 있다. 하나의 예시로 최근 생성형 AI의 등장으로 인해 다양한 분야에서 노코딩(No Coding), 또는 로우코딩(Low Coding)이 가능해졌으며 누구나 아이디어만 있으면 프로그램을 개발할 수 있는 시대가 되었다. 그렇기 때문에 누구보다 경쟁력을 갖추기 위해서는 항상 새로운 정보와 기술에 관심을 갖고 적응력을 키워야 한다.

더불어, 지금 이 시대는 복잡한 문제에 대한 창의적인 해결 능력을 요구한다. 학습자 주도형 공부를 통해 학습자는 독립적으로 문제를 해석하고 해결하는 능력을 키울 수 있다. 그로 인해 학습자는 자신의 관심 분야에서 도전적인 문제를 스스로 설정하고, 새로운 아이디어와 해결 방법을 탐구하여 창의적인 결과를 얻는다. 더불어 4차 산업혁명 시대에서는 전문성이 큰 경쟁력이 된다. 학습자 주도형 공부는 학습자가 지식과 기술을 지속적으로 확장하고 개발할 수 있기 때문에 자신의 전문 분야에서 끊임없이 성장할 수 있다. 이렇듯 4차 산업혁명 시대에 학습자 주도형 공부는 지속적인 변화와 혁신에 대응하며, 자기주도적인 역량과 적응력을 갖추어 창의적 문제 해결 능력을 기르고, 지속적으로 전문성을 발휘할 수 있게 만든다.

결과적으로 이러한 시대상을 비춰 본다면 어떤 사람이 핵심역량 인재일까? 바로 새로운 가치를 발견하고 창의성으로 결과물을 생성하는 사람일 것이다. 그런데 창의성은 누군가가 지식을 전달하는 과정에서 생겨나는 역량이 아니다. 호기심을 갖고 끊임없이 도전하며 더 나은 차별점을 찾기 위해 실행력을 높여 유의미한 결과를 만들어 내야 하는 것이다. 그렇기 때문에 기존의 전통적인 강의식 수업은 창의성을 개발하는 데 한계가 있다. 그래서 지금 이 시대는 학습자 주도형 교육 형태를 적극적으로 반영해야 한다. 그런데 사실 구성주의 관점에 입각한 학습자 주도형 교육의 가장 큰 문제점은 '어떻게 하면 학습자 스스로 주도성을 갖게 할 것인가?'의 대한 문제가 제일 핵심사안이다. 그래서 교수자는 학습자가 공부에 흥미를 느끼고 스스로 발견학습을 할 수 있도록 효과적이고도 효율적인 교수전략을 수행해야 한다. 그러한 맥락에서 구체적인 전략 방안으로 게임의 긍정 요소를 살펴보고 학습과정에 활용할 수 있는 세부 사항들에 대해 알아보겠다.

5. 게임과 학습의 공통점과 차이점

공부는 어렵고 힘든 것이고 게임은 즐겁고 흥미로운 것이라고 인식하는 학습자들이 많다. 그런데 과연 그럴까? 관점을 확대해서 생각해 보면, 공부 방식을 바꾸고 학습전략을 적절히 이행한다면 학습자들이 공부도 게임처럼 즐기게 될 것이다. 사실, 공부와 게임은 생각보다 비슷한 요소가 많다. 다음은 게임과 공부의 공통점을 나타내는 요소들에 대해 정리한 것이다.

표 1-1　게임과 학습의 공통점

공통요소	게임	학습
목표지향	• 특정 레벨을 클리어하거나 게임을 완료하는 것이 목표 • 플레이어는 목표 달성을 위해 노력하고 전략을 세우며 게임을 진행	• 특정 과목이나 주제를 이해하고 지식을 습득하는 것이 목표 • 학습자는 학습목표를 설정하고 필요한 내용을 학습하여 목표를 달성하기 위해 노력
동기부여	• 레벨업, 아이템 획득, 캐릭터 강화 등의 보상을 통해 플레이어에게 성취감과 동기를 부여 • 반복적인 성취 경험을 통해 자신감 부여	• 평가에 대한 성취감, 학습목표 달성, 좋은 성적 등을 통해 동기부여 • 자기효능감을 높이고 성과에 대한 긍정적인 피드백을 제공하여 학습 동기를 유지하고 증진시킴
진행 과정	• 다양한 레벨, 장애물, 도전 퀘스트 등을 통해 난이도별로 진행 • 플레이어는 이러한 진행 과정을 통해 게임 내에서 계속 발전하고 지속적으로 도전함	• 학습을 위해 단계별 과제, 문제 해결, 평가 등을 통해 지식과 기술, 태도를 점진적으로 발전시킴

〈계속〉

도전과 극복	• 어려운 상황이나 강력한 적에 대해 도전하고 극복하는 경험을 제공함 • 장애물 극복이나 강력한 적과의 대결에 주기적으로 대응하고 성공을 위해 다양한 전략을 수립하고 적용함	• 기초지식을 기반으로 고차적 사고 영역의 인지능력을 개발해야 하므로 단계별 지식 습득의 도전은 필수적임 • 단계별 학습이 이뤄지기 때문에 난이도별 문제를 해결해야 함 • 자신만의 학습전략을 행사하여 학습목표를 달성하기 위해 노력해야 함
경쟁의식	• 리더보드(leader board)를 통해 다른 플레이어들이 어느 수준에서 게임을 성공적으로 숙달해 나가는지를 보면서 상대적인 경쟁의식을 갖게 됨	• 다양한 평가를 통해 동료 학습자들의 학업 성과를 모니터링하여 자신의 위치를 객관적으로 인식함
자기평가와 성찰	• 게임을 수행하는 과정에서 단계마다 점수, 순위 등을 통해 자기평가를 하고 성과를 확인함 • 플레이어는 자신의 성과를 바탕으로 게임에서 얼마나 성장하고 발전했는지를 파악하게 됨	• 단계별 시험 점수, 과제 완료, 이해도 등을 통해 자기평가를 하고 성과를 확인함 • 학습자는 자신의 학습성과를 평가하여 어떤 부분을 개선해야 하는지를 알아내고 지속적인 학습방향을 조정해 나감

　게임과 학습의 공통점을 이해하면 게임을 통한 학습이나 학습환경을 게임적 요소로 개선하는 데 도움이 될 수 있다. 이는 학습자들에게 더욱 흥미로운 경험을 제공하고 학습동기를 높이는 데 도움이 될 수 있다.

　한편, 게임과 학습은 비슷한 점이 많지만 근본적으로 반대의 특성을 지니고 있으며 각각 다른 목적과 문제 해결 방식을 갖고 있다. 게임은 주로 엔터테인먼트와 상상력을 중시하고 플레이어의 재미를 유발하는 반면, 학습은 지식 습득과 개인의 성장을 중시한다. 게임과 학습은 다양한 점에서 공통점을 공유하지만, 그들 간의 근본적인 차이점은 다음과 같이 요약할 수 있다.

표 1-2　게임과 학습의 차이점

비교요소	게임	학습
목적	• 게임은 즐거움과 엔터테인먼트를 제공하기 위해 디자인됨. 플레이어는 게임을 통해 재미와 스릴을 느끼고 경험을 쌓는 것을 목적으로 함	• 지식과 기술을 습득하고 개인의 성장과 능력을 향상하는 것을 목표로 함 • 학습자는 주어진 주제나 과정을 이해하고 실생활에서 활용할 수 있는 지식과 기술을 습득함
콘텐츠	• 게임은 가상의 세계나 상황을 다뤄 플레이어는 게임 내에서 퍼즐을 풀거나 전투를 벌이며, 가상의 경험을 즐김 • 게임의 내용은 주로 상상력과 재미를 위해서 만들어짐	• 학습의 내용은 학문적이며 현실 세계에서의 지식과 개념을 다룸 • 학습자는 실제로 존재하는 사실과 원리를 이해하고, 실생활에서 응용할 수 있는 지식을 습득함
평가 형태	• 게임은 주로 승패, 점수, 업적 등을 통해 플레이어의 성과를 평가함 • 플레이어는 게임의 목표를 달성하거나 경쟁에서 우위를 점하기 위해 노력함	• 학습은 평가 방식을 다양하게 적용하여 시험 점수, 과제 완료, 프로젝트 결과 등을 통해 학습자의 이해도와 성과를 평가함 • 학습은 개인의 학습성과와 지식 습득을 목표로 함
피드백	• 게임은 즉각적인 피드백을 제공함 • 플레이어는 게임 내에서 자신의 선택과 동작에 따른 결과를 즉시 확인하고 전략을 수정할 수 있음	• 학습은 지연된 피드백을 제공함 • 학습자는 학습내용을 습득하고 이해한 후에 시험이나 과제를 통해 피드백을 받게 되어 이를 통해 개선할 점을 파악하고 학습방향을 조정할 수 있음
설계 과정	• 게임은 흥미를 유발하고 플레이어의 마음을 끌기 위해 디자인됨 • 게임 개발자는 플레이어의 참여와 몰입을 유도하기 위해 '게임 요소, 난이도 조절, 시각·청각적 요소' 등을 의도적으로 설계함	• 학습은 학습자의 지식 습득과 발전을 목표로 하여 디자인됨 • 교수자는 체계적인 교수설계를 수행함으로써 교육에 시행착오를 최소화하려고 노력함

게임과 학습의 여러 차이점을 이해하는 것은 중요하다. 그런데 가만히 생각해 보면 하나의 결과를 도출하기 위한 수행 메커닉스는 역시나 공통점이 많다. 최근에는 게임과 학습 사이의 경계가 모호해지고 있는 추세이다. 게임 기반 학습(game-based learning) 또는 교육용 게임(educational games)은 게임의 동기부여 요소와 즐거움을 학습에 접목하여 학습자의 참여와 효과를 증가시키는 새로운 방법을 제공하고 있다. 그와 관련해서 다음 장에서는 게임과 학습의 직접적인 사례를 살펴보겠다.

6. 게임을 학습에 활용한 사례

앞서 살펴본 게임과 학습의 공통점을 감안하여 게임의 긍정 요소를 학습에 연계하면 얼마든지 교육의 효과를 극대화할 수 있다. 다음은 게임의 순기능을 활용한 학습적용 사례에 대해 살펴보겠다.

1958년, 윌리엄 히긴보텀(William Higinbotham)이 미국의 브룩헤이븐 국립연구소에서 최초의 비디오 게임인 〈Tennis For Two〉를 개발한 이후, 비디오게임은 지금까지 문화적·산업적으로 비약적인 성장을 거듭해 오고 있다.

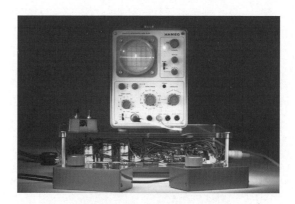

최초의 게임인 〈Tennis for Two〉

출처: ⓒ MEGA - Museum of Electronic Games & Art.

 게임의 역사는 디지털의 역사와 그 궤를 항상 같이하고 있다. 기술의 발전
은 곧 디지털 게임의 진화로 이어진다. 태어날 때부터 게임이 존재했던 게임
세대는 새로운 디지털 기술을 게임을 통해 스스럼없이 체득하여 자신의 것으
로 만든다. 식당에 등장하고 있는 키오스크를 살펴봐도 알 수 있다. 게임 세대
는 어떤 거부감이나 두려움 없이 처음 보는 키오스크를 사용한다. 디지털 디
바이스의 UI(User Interface)는 게임보다 익히기 쉽기 때문이다.

 그리고 마이크로소프트사에서 출시된 홀로렌즈는 세계 최초의 웨어러블
홀로그래픽 컴퓨터로, 스마트폰이나 PC 연결 없이 몰입감 있는 혼합현실 경
험을 제공한다. 여기서 혼합현실(Mixed Reality: MR)은 현실 공간을 차단하는
가상현실(VR)이나 단순히 가상 정보를 현실 공간에 표시하는 증강현실(AR)을
넘어, 현실 공간에 가상 정보를 더해 상호작용이 가능한 것이 특징이다. 홀로
렌즈는 혼합현실을 3D 홀로그램으로 구현하고 이를 사용자의 손동작이나 음
성으로 자유롭게 조작할 수 있다. 홀로렌즈는 제조와 헬스케어, 의료, 영업 등
다양한 산업군에서 MR 기술을 활발히 활용하고 있다.

 이러한 새로운 콘텐츠의 등장과 그 콘텐츠를 자유자재로 활용하는 새로운
세대의 등장은 교육과 학습의 방법론에도 새로운 변화를 고민하게 한 계기
가 되었다. 그 고민은 1970년, 독일계 미국인 학자 클락 C 앱트(Clark C. Apt)
가 발표한 책『Serious Game』을 통해 본격적인 논의로 발전하였다. 그는 이
책을 통해 게임을 학습과 교육에 응용하는 것에 관한 개념을 제시하고 이를
'serious game'으로 명명했다.[3] 앱트는 이 책에서 게임의 기본 원리와 상호작

---

3) serious game을 국내에선 통상 '기능성 게임'으로 번역하여 활용한다. 하지만 동일한 개념으로서
 두 단어를 함께 사용하기엔 그 개념적 범주에 차이가 있다. 기능성 게임은 보다 한정적인 특수
 목적성을 지닌 게임을 의미하고, serious game은 상업적 성공을 목적으로 둔 일반적 게임에서도
 그 의미를 찾을 수 있기 때문이다. 특히 시대가 발전하고 게임의 문화적 보편성이 확장, 게이미
 피케이션(gamification)이나 에듀테인먼트, 게임 기반 학습(game based learning) 등 게임을 활
 용한 교육 활동의 범주가 계속 늘어나게 되었다. 이 범주의 확장은 더 이상 '기능성 게임'이라는
 용어로 게임의 다양한 활용을 설명하는 것이 어려워졌다. 게임의 'serious'라고 함은 콘텐츠가 성
 숙함에 따라 나타나게 되는 당연한 변화이자 발전 과정을 의미한다.

윈도우 OS를 탑재한 스마트 키오스크 출시(좌) / MS사의 MR 기기 홀로렌즈(우)

출처: ⓒ Samsung Co., Ltd.(좌); ⓒ Microsoft Co., Ltd.(우).

용을 학습과 교육 목적으로 활용해 보았고, 이는 학습자들의 참여도와 동기부여를 높여 준다는 것을 강조했다.

재미있는 미디어와 콘텐츠가 등장하면 이를 교육에 어떻게 활용할 수 있을지에 관한 고민은 늘 중요했다. 소설이 그랬고, 영상이 그랬으며, 게임 역시 그렇다. 그리고 이 고민은 지금도 지속되고 있는 고민이다. 책은 가장 오래된 미디어이다. 그 세월만큼 학문은 다양화되었고, 학습하는 세대의 특성 역시 변화되었다. 책은 학습에 매우 최적화된 형태라는 것을 부정할 수 없지만, 모든 학문과 교수법에 해당되지 않을 수도 있다. 이에 디지털 게임의 등장은 이 고민을 계속해서 확장해 나갔다.

1990년도 후반 컴퓨터와 인터넷 기술의 발전이 일정 궤도에 오르면서 디지털 게임 산업이 본격적으로 확장되기 시작했다. 'serious game'의 등장 이후 20년 만에 본격적인 고민이 시작된 것이다. 2002년 미국 정부의 지원으로 설립된 'Serious Games Initiatives'에서부터 'Games for Change' 'Games for Health'와 같은 그룹들이 나타나면서 'serious game' 분야의 연구가 점차 활발히 이루어지게 되었다. 게임이 가진 힘은 결국 즐거운 경험이라는 맥락 속에서 더 몰입하여 배우게 되는, 학습의 경험을 자연스럽게 가질 수 있다는 것이었다. 직무 체험용 시뮬레이션 게임, 수학 문제를 푸는 교육용 게임, 안전 체험 및 건강 재활 형태의 게임, 군사훈련 목적의 게임 등 다양한 게임이 개발되고 교육용 목적으로 활용되었다.

VR 기술과 게임적 요소로 진행하는 대한민국의 군사작전 훈련

출처: ⓒ 방위사업청.

의료수술 시뮬레이션 VR 프리시전 OS

출처: ⓒ PrecisionOS.

그 이후 2010년 게이미피케이션(gamification)이라는 개념이 등장하면서 이 게임과 교육의 융합이라는 고민의 속도가 더욱 빨라졌다. 게이미피케이션은 국내에선 게임화로 번역된다. '게임처럼 만들기' '게임 같은 요소를 적용하기' 정도의 뜻으로 풀어서 활용되고 있다. 이는 게임과 무관해 보이는 사회의 여러 분야에 레벨, 경험치, 퀘스트 같은 게임적 요소가 점차 활용되는 현상에 대한 산업·학술적 정의라 할 수 있는데, 게임 자체보다 게임의 여러 가지 요소를 비(非)게임적 맥락에 적용하는 형태가 나타나면서 교육 현장에선 기존 'serious game'과의 개념적 혼동을 하는 경우도 드러났다. 그럴 만도 한 것이, 게임 기반 학습(game-based learning), 인터렉티브 미디어, 게이미피케이션,

지러닝(g-learnign) 등 게임적 요소가 적용된 다양한 용어가 혼재되어 사용되었기 때문이다. 하지만 게이미피케이션이 등장한 지 10년이 지난 지금에선 어느 정도 개념 정리가 되었다.

교육 환경에 게임적 요소가 적용되는 경우는 크게 두 가지로 구분 지을 수 있다. 바로 게임 자체를 활용하여 교육을 진행하는 '게임 기반 학습'과 게임적 요소를 몇 가지 차용하여 학습과정을 디자인하는 '교육 게이미피케이션'이다.

먼저, '게임 기반 학습'은 별도의 교수법 디자인이 필요하지 않고, 잘 디자인된 게임을 수업시간에 실습하여 그 관련 지식을 습득하게 만드는 형태의 학습이다. 즐거움을 목적으로 한 상업용 게임 중에는 그 게임의 시작이 실제 교육에 필요한 학습과정을 매우 현실적으로 게임 속에 녹여 디자인한 게임들이 존재한다. 몇 가지 예를 들어 보겠다.

첫째, 1993년 일본 게임 개발사 코에이가 개발한 게임 〈대항해시대 2〉는 15세기 유럽의 대항해시대를 배경으로 만든 게임이다. 사용자(user)는 한 캐릭터가 되어 당시의 바다와 세계를 탐험하는 모험을 한다. 사실적인 시대 배경 묘사와 지식을 게임 기획의 요소로 활용하였기 때문에, 게임을 오래 플레이한 사용자(user)는 신대륙을 발견한 시점, 희망봉의 위치, 인도와 영국의 관계, 당시 항해술의 발전 상황 등을 매우 세밀하게 학습할 수 있다. 방금 언급된 게임의 목표에 해당하는 사항들은 세계사의 학습과정에서 중요한 부분

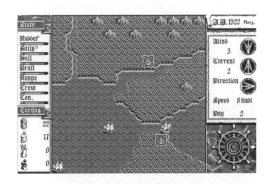

〈대항해시대 2〉의 게임 화면

출처: ⓒ Koei Tecmo Holdings Co., Ltd.

이다. 세계사 수업보다 게임을 먼저 즐겼던 사용자에게는 교과서에 실린 문장 하나하나가 자신의 모험기와 그 주변의 재미난 이야기를 덧붙여 주는 사실적 관계로 느껴질 것이다. 결과적으로 확실한 학습동기부여가 발생하는 셈이다.

둘째, 〈심시티(Sim City)〉라는 게임이다. 〈심시티〉는 허허벌판에 도시를 구획하여 조금씩 발전시켜 나가는 도시건설 시뮬레이션 게임으로, 도시공학적인 원리와 개념을 현실적으로 반영하고 있다. 도로 및 교통체계, 주택 및 상업지역의 구분과 교통량, 병원과 경찰서 같은 공공서비스 망의 중요성 등 실제 도시 계획과 관리에 적용되는 일부 원리를 통해 게임의 재미를 주고 있다. 즉, 도시 운영에 대한 이해와 지식을 자연스럽게 습득할 수 있는 게임이다. 이러한 부분 때문에 도시공학과 관련된 커리큘럼을 지닌 대학의 학과에서는 수업 중에도 〈심시티〉를 종종 플레이하는 경우가 있다고 한다.

〈심시티 2000〉의 게임 화면

출처: ⓒ Electronic Arts, Inc.

마지막으로, 게임회사 출신의 대한민국 국적의 부부가 2012년 미국에서 창업한 스타트업 에누마에서 서비스 중인 〈토도수학(ToDoMath)〉을 예로 들 수 있다. 이 수학 학습용 게임은 어린이들을 대상으로 개발되었다. 다양한 수학 문제를 재미있게 풀 수 있도록 게임에 포함하여 제공하면서, 수학적인 개념의 이해를 돕는 학습자료 및 학습성과에 관한 피드백 등을 적절하게 제공하고 있다. 〈토도수학〉은 출시 당시엔 국내에서 많이 알려지지 않았지만, 전 세계

20개국에서 교육 분야 1위에 입성한 애플리케이션이다. 미국과 호주 등 여러 국가의 유치원과 초등학교에선 이미 이 〈토도수학〉을 수업용 교재로 활용하고 있다.

〈토도수학〉의 게임 소개 화면
출처: ⓒ Enuma, Inc.

이러한 특별한 게임 외에도, 〈LoL〉과 〈스타크래프트〉로 영어 공부를 했던 사례도 꽤 심심치 않게 들려온다. 물론 책상에 앉아 집중해서 영어 공부를 하는 편이 지식을 더 효율적으로 습득하겠지만, 전혀 의욕이나 관심이 없던 아이들이 게임을 통해 학습에 흥미를 갖게 되는 계기를 마련한다면 그것만으로도 꽤 의미 있는 일이 아닐까?

게임 자체를 통해 교육적 효과를 만드는 것이 '게임 기반 학습'이라면, 게임이 가진 동기부여의 힘, 아이들이 좋아하는 열린 마음 등을 수업에 본격적으로 활용해 보고자 하는 시도가 바로 '게이미피케이션'이다.

앞서 설명한 게임 기반 학습의 경우 강의하고자 하는 학습 커리큘럼에 맞춰 게임을 개발해야만 수업에 활용할 수 있다. 즉, 교수자가 원하는 내용과 분량을 교실에 그대로 적용하려면 게임을 만들어야 한다는 뜻이 된다. 그런데 일반적으로 게임을 충분히 이해하고 경험한 교수자가 아니라면 엄두를 내지 못할 것이다.

　이러한 단점을 보완하기 위해 바로 '교육 게이미피케이션'이 등장하게 되었다. 게임 콘텐츠를 직접 만들지 않고 게임의 주요 동기부여 요소를 차용하여 내 수업을 게임처럼 만들어 주는 마법 같은 존재로서 말이다! 하지만 말이 쉽지, 잘 돌아가는 톱니바퀴처럼 게임 요소를 학습에 적용하는 일은 쉽지 않다. 게임기획(game design)에 대한 일정 이해도가 있어야지만 이 동기부여 장치를 교실에 부드럽게 적용할 수 있기 때문이다. 특히 게이미피케이션이 등장한 지 10년이 넘어가면서 쌓인 일반적인 오해가 있다. 게이미피케이션을 단순히 보상체계, 피드백 요소로만 받아들이는 경우가 그것이다. 하지만 문제나 퀴즈를 맞히고 보상만 바라는 학생의 모습을 기대하는 교수자는 없을 것이다. 게이미피케이션은 보상, 피드백으로만 이루어진 것이 아니다. 보상체계는 게이미피케이션을 구성하는 동기부여의 요소 중 하나이고, 이는 게이미피케이션이 등장하기 이전부터 교실에서 이따금 사용되던 동기부여의 방법이다.

　교육 게이미피케이션은 게임과 같이 커리큘럼을 기획하고 디자인하는 것이다. 게이미피케이션을 교실에 적용하려고 고민했던 교수자들이라면 공감할 것이다. 한두 가지 요소를 선택하여 수업에 적용하는 것은 매우 단편적인 방법으로, 이게 게이미피케이션이 맞는지 의구심이 들 수 있다. 포인트만 모은다고 게임이 재미있는 것은 아니기 때문이다. 레벨도 있고, 목표도 있고 캐릭터와 NPC[4]도 있지만 포인트를 모으기도 하는 것이 바로 게임이다.

　하지만 정말 게임처럼 학습과정 전체를 기획하는 것은 아니다. 게임의 최소한의 구성요소를 파악하고 교실에 적용하는 과정이 필요한 것이다. 동기부여의 총채로 게이미피케이션을 활용하기 위해서는 게임 디자인의 기초적인 구성 방법을 살펴보는 것부터 시작해야 하는 이유가 바로 여기에 있다.

---

4) NPC란, Non Player Character의 약자이며 게임 안에서 플레이어가 직접 조종할 수 없는 캐릭터이다. 플레이어에게 퀘스트 등 다양한 콘텐츠를 제공하는 도우미 캐릭터이다. TRPG(Table Role Playing Game)에서 유래한 말로, PC(Player Character)의 상반된 의미를 가지고 있다. 대부분의 NPC는 한 자리 또는 한 지역에 머물면서 게임의 원활한 진행을 위해 도우미 역할을 한다. 영화나 드라마의 엑스트라 조연처럼 배경 역할을 하기도 하고, 플레이어가 수행해야 할 퀘스트(quest)나 퀘스트 수행 이후 아이템 등 콘텐츠를 제공하기도 한다(게임용어사전).

　유명 고전 게임은 지금의 게임 개발 현장에서도 여전히 연구하고 살펴보는 콘텐츠이다. 셰익스피어의 작품과 그리스 비극처럼 게임에도 역시 고전은 존재한다. 현재 출시하고 있는 게임 대부분은 과거 잘 만든 고전 게임의 변주이자 벤치마킹의 산물이다. 교육 게이미피케이션의 구성 역시 마찬가지이다. 내 교실에, 내 커리큘럼을 주제로 학생들이 플레이하는 작은 게임을 디자인하는 것이니까 말이다.

　우리가 잘 알고 있는 〈슈퍼 마리오〉나 〈테트리스〉 같은 고전 게임의 경우 매우 단순하지만 강력한 동기부여 요소들이 톱니바퀴처럼 단단하게 묶여 있다. 게이미피케이션의 구성요소를 나열해 보고, 고전 게임의 디자인 형태를 뜯어 본다면 내 교실에, 내 수업에 게이미피케이션을 적용하는 방법에 대해서도 어느 정도 감이 잡힐 것이다. 그럼 종합적으로 게임을 학습에 적용한 개념에 대해 정리해 보겠다.

게임을 학습에 적용한 개념

　게임을 학습에 적용함으로써 학습자들은 흥미를 가지고 학습에 몰입할 수 있으며, 동시에 다양한 능력을 발전시킬 수 있다. 게임은 상호작용과 동기부여를 통해 학습을 즐겁고 효과적으로 만들어 주는 동시에 학습자들의 창의력, 문제 해결 능력, 협력 등을 향상시키는 데 기여할 수 있다. 게임은 학습과정을 흥미롭고 유익하게 만들어 주는 동시에 개인화된 학습경험을 제공하는 강력한 도구로 활용될 수 있다.

① 게임 기반 학습(game-based learning)
　게임 기반 학습은 교육 분야에서 게임을 학습도구로 활용하는 방식이다. 게임은 학습자가 상호작용하고 문제를 해결하며 동기부여를 받을 수 있는 환경을 제공한다. 예를 들어, 언어 학습을 위한 단어 맞추기 게임, 수학 문제를 해결하는 게임, 역사 사건을 시뮬레이션하는 게임 등이 있다. 게임을 통해 학습자들은 즐겁게 학습하고 동시에 문제 해결 능력, 협력과 의사소통 등의 기술을 향상시킬 수 있다.

② 강화학습을 통한 게임 학습

강화학습은 에이전트가 환경과 상호작용하며 시행착오를 통해 보상을 최대화하도록 학습하는 방법이다. 이를 게임에 적용하면, 인공지능 에이전트가 게임 환경과 상호작용하면서 보상을 최대화하기 위한 최적의 전략을 학습한다. 예를 들어, 알파고와 같은 바둑이나 체스와 같은 전략적인 게임에서 강화학습을 사용하여 인공지능이 전문가 수준의 플레이를 달성할 수 있다.

③ 시뮬레이션 게임을 통한 학습

시뮬레이션 게임은 현실적인 상황을 가상으로 재현하여 플레이어가 시나리오에 따라 의사 결정을 내리고 결과를 관찰하는 것을 목표로 한다. 시뮬레이션 게임은 비즈니스, 건설, 운영 등 다양한 분야에서 사용된다. 이를 통해 학습자들은 현실적인 문제 해결과 의사 결정 능력을 향상시킬 수 있다. 예를 들어, 경영 시뮬레이션 게임에서는 경제 원리와 비즈니스 전략을 학습할 수 있다.

④ e-스포츠(e-sports)

e-스포츠는 컴퓨터 게임을 경기로서의 스포츠로, 대회와 리그가 개최되는 분야이다. 이러한 게임은 프로 플레이어들이 전략적인 팀 플레이와 개인 기술을 향상시키기 위해 학습을 진행한다. e-스포츠 팀은 게임 데이터와 비디오 분석, 전략적인 훈련 등을 통해 경기력을 향상시키고 다른 팀과 경쟁한다. 이를 통해 e-스포츠는 팀워크, 의사소통, 전략 수립, 리더십 등의 능력을 키우는 학습의 장을 제공한다.

⑤ 신체 활동을 동반한 게임(exergaming)

신체 활동을 동반한 게임, 즉 '엑서게임'은 게임을 통해 사용자들이 운동을 할 수 있는 형태의 게임이다. 이러한 게임은 신체 활동을 즐겁게 만들어 주고 동기부여를 제공하여 사용자들의 신체 활동량을 증가시키는 데 도움을 준다. 대표적인 예로는 Wii Fit, Xbox Kinect, VR 기반의 운동 게임 등이 있다. 이러한 게임을 통해 사용자들은 운동을 하면서 기술적인 스킬, 균형, 협응력 등을 향상시킬 수 있다.

⑥ 게임을 이용한 언어 학습(language learning through games)

게임은 언어 학습에 매우 효과적으로 활용될 수 있다. 언어 학습 게임은 단어 암기, 문법 이해, 어휘 확장 등을 포함한 다양한 학습목표를 가지고 있다. 예를 들어, 단어 맞추기 게임, 단어 연상 게임, 문법 퀴즈 게임 등을 통해 학습자들은 언어를 적극적으로 사용하고 연습할 수 있다. 이러한 게임은 언어 학습의 재미를 높여 주고 실전 환경에서 언어를 자연스럽게 사용할 수 있는 능력을 향상시킨다.

7. 교육 게이미피케이션, 무슨 뜻인가

교수·학습과정에 있어 수업의 분위기를 학습자로 하여금 조금이나마 몰입할 수 있게 만드는 일은 교수자 입장에서 매우 중요한 일이다. 어떤 교과, 수업 내용이라도 교수자와 학생 간의 활발한 상호작용은 교실에서 몰입을 만들어 내는 첫 번째 조건이라 할 수 있다.

'지루하지 않음' '지적인 호기심'은 사실 학생들의 개별적인 성향과 학습과정이 일치해야 발생하는 경우가 많기 때문에 교수자 개인의 강의 능력으로 교실 전체를 몰입의 흐름으로 끌고 가기엔 많은 어려움이 있다. 그럼에도 불구하고 교수자는 다양하고 새로운 학습방법을 도입하여 학생들에게 온전한 지식을 전달하기 위해 많은 노력을 하고 있다. 그 노력 중에 게임의 요소를 학습방법에 적용하는 교육 게이미피케이션의 개발은 현세대에게 더욱 다가가기 위한 최선의 시도이다.

게이미피케이션은 'Gamification'[5]이라는 영어 단어에서 파생되었다. 'Game'은 게임을 의미하고, '-ification'은 무엇인가를 특정한 형태나 상태로 만든다는 의미를 갖고 있다. 따라서 'Gamification'은 학습이나 활동을 게임의 원리와 요소를 도입하여 게임과 유사한 경험을 제공하는 것을 의미한다. 우리말로는 '게임화'라고 한다.

---

5) 게이미피케이션은 'gamify(게임의 요소를 적용하다)'라는 동사에 명사형 어미인 '-ification'을 더한 합성어이다.

게이미피케이션은 2012년 이후 교육 분야에서 큰 주목을 받기 시작한 개념이다. 그 해에 유명한 저널리스트인 제인 맥고나걸(Jane McGonigal)의 책 『Reality Is Broken: Why Games Make Us Better and How They Can Change the World』가 출간되었는데, 이 책은 게임의 힘과 게이미피케이션의 잠재력에 대해 다루었다. 이 책의 내용을 강연한 Ted 동영상은 조회 수가 135만 회에 다다른다.

이 책의 제2장에서 자세히 언급하겠지만, 이 당시에는 게이미피케이션의 개념이 점차 공고해지고 있는 와중에 국내에서만 게임의 중독 이슈가 발발하면서 안팎으로 게임의 인식이 상당히 나빠지고 있었다. 이는 게이미피케이션의 효과성의 검증, 교실에서의 분위기 전환 등 누구나 인정하는 장점이 분명함에도 불구하고 아직까지 본격적인 인식의 보급이 이루어지지 않은 이유이다.

게이미피케이션은 일반적인 게임의 특징을 학습이나 다양한 활동에 적용하여 참여자들의 동기부여, 참여도, 흥미, 성과 등을 원하는 방향에 맞춰 더욱 증진시키는 것을 목표로 한다. 게이미피케이션에서는 게임의 요소인 경쟁, 협력, 보상, 수행 목표, 레벨, 퀘스트 등을 활용하여 학습이나 업무 환경을 더욱 즐겁고 유익한 경험으로 만들어 낸다.

교육 게이미피케이션은 학습과정을 게임적인 요소와 원리로 구성하여 학생들이 더욱 흥미롭게 참여할 수 있는 환경을 조성하는 방법이다. 게임적인 요소는 학습에 더욱 몰입할 수 있도록 만들어 준다. 결국 학생들은 게임과 유사한 요소들에 흥미를 갖게 되며, 학습에 대한 동기와 열정을 더욱 키울 수 있다. 또한 교수·학습활동에서 교수자와 학생들 간의 활발한 상호작용은 매우 중요한 교육 요건인데, 게이미피케이션을 통해 상호작용을 극대화할 수 있다. 학생들은 게임의 도전과 보상, 경쟁 요소에 의해 학습에 몰입하게 되고, 지루함을 느끼지 않고 학습과정을 즐길 수 있다.

　　교수자 개인의 강의 능력으로만 교실 전체를 몰입의 흐름으로 끌어가는 것은 어려운 일이다. 그러나 교수자들은 다양한 학습방법을 도입하여 학생들에게 온전한 지식을 전달하기 위해 노력하고 있다. 게임의 요소를 학습방법에 적용하는 교육 게이미피케이션은 현세대에게 더욱 다가가기 위한 중요한 도구로 인정받고 있다. 지금, 이 시대 학생들은 디지털 기술과 상호작용하는 환경에서 자라고 있기 때문에, 게임적인 요소들에 대한 호기심과 흥미가 높다. 게이미피케이션을 활용하여 학습을 게임처럼 즐겁고 유익한 경험으로 만들면 학생들의 참여도와 학습효과를 향상시킬 수 있다.

　　그렇기 때문에 교수자는 게이미피케이션을 적극적으로 도입하여 학생들이 더욱 흥미롭고 몰입도 높은 학습경험을 할 수 있도록 노력해야 한다. 게임의 요소를 적절히 활용하고, 상호작용을 촉진하며, 지루함을 최소화하는 수업 디자인을 구축하여 학생들이 활발하게 참여할 수 있는 교실 분위기를 조성해야 한다. 이를 통해 학생들은 보다 효과적으로 지식을 습득하고 자신의 역량을 발전시킬 수 있을 것이다.

　　그럼 다음 장에서는 본격적으로 게임의 강력한 요소인 동기부여를 촉진할 수 있는 게임 디자인 원리에 대해 알아보고, 궁극적으로 교육 게이미피케이션을 설계할 수 있는 방안에 대해 알아보겠다.

제2장

동기부여를 만드는 게임 디자인의 원리

🐺 학습목표 ·····

- 동기부여와 관련된 심리적 요인을 진술할 수 있다.
- 자기결정이론과 몰입의 상호작용을 설명할 수 있다.
- 게임 코어메커닉의 대표적인 예시를 들 수 있다.
- 게임 코어메커닉을 풍성하게 만드는 게임의 주요 구성요소를 나열할 수 있다.

1. 동기부여를 만드는 최적의 모형, 게임

게임에 시간을 조금이라도 써 봤던 사람이라면, 대부분 공부보다 게임이 재미있다고 말할지 모른다. 그런데 왜 공부보다 게임이 더 재미있는 것인지 구체적인 이유를 말해 보라고 질문하면 쉽게 대답하지 못한다. 그와 관련하여 이번 장에서는 공부보다 게임이 더 흥미롭다는 사실에 대한 핵심적인 요인을 살펴보겠다.

공부가 과거 매우 수준 높은 유희에서 출발했음에도 불구하고 지금의 공부는 스스로 찾아서 하기 어려운 것이 되었다. 안타깝게도 많은 원인이 있을 수 있겠지만, 그중에서 대표적인 몇 가지 원인을 찾아보고자 한다.

먼저, 자기통제감(self-regulation)이라는 심리기제가 있다. 이는 개인이 자신의 환경을 이해하고 조절할 수 있는 능력을 의미한다. 즉, 자신에게 주어진 여러 상황과 자신의 마인드를 모두 통제하면서 조절할 수 있는 심리 상태를 이야기하는 것이다. 일단 자기통제감이 높은 상황을 만들면 그 상황을 즐기고 더욱 지속하길 원한다. 이는 개인 스스로 자신의 선택과 행동을 결정하고 원하는 목표를 달성하기 위해 노력할 수 있는 능력을 갖췄음을 의미하기 때문이다.

자기통제감은 외부의 제약사항이 발생하더라도 스스로 통제하고 조절하여 대응하는 데 영향을 주는 능력이며, 자신의 역량과 능력을 인식하고 자신을 관리하며 목표를 설정하고 추구하는 능력을 의미한다. 이러한 개인의 능력을 설명하는 심리적 기제이기 때문에 자기통제감은 삶의 여러 장면에 긍정적인 영향을 미친다. 먼저, 이 통제감은 개인의 동기부여와 역량 개발을 촉진한다. 원하는 목표를 달성하기 위해 노력할 수 있는 상황을 자각한다면, 이 상황에 몰입하고 더욱 노력하여 성과를 이루기 위해 최선을 다하기 때문이다.

다음으로, 높은 자기통제감은 스트레스 관리와 상황에 대한 적응력을 높여준다. 스트레스는 높은 불안으로 이야기할 수 있는데, 이 불안은 모든 긍정적

심리기제를 악화시키는 주요 원인이다. 스스로 불안감을 낮출 수 있도록 통제하는 것이 바로 자기통제감이다. 마지막으로, 자기통제감은 자아존중감과 긍정적인 감정을 높여 준다. 통제한다는 감정으로 행동하고 노력하게 되어 성취감을 느끼게 된다면 이는 성공적인 자기효능감의 형성까지 이어지는 선순환구조가 만들어지는 것이다.

쉽게 말해, 흔한 말로 "피할 수 없으면 즐겨라!"라는 문구는 "현재 상황을 받아들이고 긍정적인 마음으로 자기통제감을 높여라!"라는 말로 치환되는 것이다. 자기통제감의 형성은 제약이 많은 상황에서 매우 중요한 역할을 수행한다. 어느 조건 속에서도 자신의 미래를 위해 노력할 수 있는 심리적 기제이기 때문이다.

자신을 통제하는 데 필요한 이 심리기제는 재미있게도 자율성에서 출발한다. 자신의 지금 행동과 지금의 상황, 현재의 결정에 대해 내가 주도권을 가지고 있는 느낌을 토대로 현재 주어진 일을 수행하는 것이 자기통제감의 기본바탕이다. 여기에 자율성은 개인이 자기 행동과 선택에 대해 주도적으로 결정하고 조절할 수 있는 정도를 의미한다. 즉, 자율성을 기반으로 갖추어야 자신의 욕구와 가치에 맞게 행동할 주도권을 가질 수 있으며 이러한 상황이 자기통제감으로 이어진다. 물론 간혹 자율성을 스스로 제한하여 자신의 통제감을 높이는 예도 있지만, 이는 제약적인 상황을 만든 후 제약적인 상황에서만 스스로 선택할 수 있는 자율성을 택해 자신의 인지적 소모를 줄이는 경우이다. 이 예시 역시 다시 생각하면 스스로 자율성을 찾는 것이다.

우리는 자신의 욕구와 목표에 따라 행동할 수 있는 다양한 선택지를 만나게 되었을 때 자율성을 느낀다. 그리고 자신이 고른 선택지는 스스로 통제를 하고 있다는 심리적 안정감을 얻기 때문에, 선택하기 이전보다 자기통제를 더욱 발휘할 수 있다.

물론 선택의 자유가 없더라도 자기통제감을 높이기 위한 자율성을 확보할 수 있다. 외부적 상황과 현실적인 문제로 인해 선택의 자유가 없다 하더라도, 개인 스스로 이 상황을 주도하고 있다고 판단하는 주도적인 행동은 스스로에게 자율성을 부여하는 권한이라고 할 수 있기 때문이다.

아르바이트나 직장생활, 학교, 군대 등 스스로의 주도권을 확보하기 어려운 상황에서도 매우 효율적이고 긍정적으로 생활을 하는 사람들을 만나 본 경험이 있을 것이다. 이는 단순한 긍정적인 마인드만 있는 것이 아니라, 스스로 현 상황에 대한 의미부여와 내적 동기부여를 통해 자율성을 확보하여 자기통제감을 높이는 습관을 가지고 있는 것으로 풀이될 수 있다.

하지만 자기통제감을 내재화하여 자신의 내적 동기부여를 습관화한다는 것은 말처럼 아무나 할 수 있는 일이 아님을 우리는 이미 잘 알고 있다. 지금 내가 공부하려고 앉아 있는 시간을 전적으로 내가 선택한 것이 아니라 어쩔 수 없이 끌려 나온 것이라면, 당연히 내가 통제할 수 있는 회피적 행동을 찾는 것이 건강한 상태라 할 수 있다. 정말 피할 수 없을 때나 즐길 수 있는 것이다. 인간의 심리는 본능적으로 내가 통제할 수 있는 무언가를 찾아서 움직이는 것이다. 물론 기본적으로 자기통제감이 높아서 외부적인 압력에 의한 상황조차도 자신이 제어한다고 느끼는 사람들 역시 존재한다. 요즘은 이러한 능력을 재능이라 부르기도 한다.

만일 그 '재능'이 없다고 하더라도 하기 싫은 일을 견뎌 내고자 하는 의지와 노력은 누구에게나 필요하며, 일정 부분 능력으로 갖춰지기도 한다. 단순히 인내심을 통해 견뎌 내는 것 말고는 방법이 없는 것일까? 의아하게도 그에 대한 힌트는 공부의 대척점처럼 느껴지는 게임에 존재한다. 게임은 공부의 대척에 있는 존재가 아니라, 해야만 하는 일의 반대편에 있는 휴식과 여가의 한 종류일 뿐이다. 그럼에도 불구하고, 게임이 주목받는 이유는 현재의 젊은 세대에게 가장 강력한 미디어 콘텐츠로서의 지위를 유지하고 있기 때문이다.

게임이 기존의 영상 매체와 구분되는 지점은 바로 '상호작용'에 있다. 게임 이전의 매체는 콘텐츠의 시간과 순서에 따라 사용자가 수동적으로 수용해야 했다. 사람마다 이해의 정도는 다르겠지만, 지켜만 보면 해당 콘텐츠를 소화할 수 있었다는 의미이다. 하지만 게임은 플레이어가 게임 속 콘텐츠와 상호작용을 하지 않으면 아무 일도 일어나지 않는다.

영화 〈슈퍼 마리오〉와 게임 〈슈퍼 마리오〉를 한번 비교해 보자. 같은 캐릭터, 동일한 3D 아트 스타일로 구성되었고 심지어 〈마리오 카트〉 같은 게임 콘텐츠가 영화의 주요 플롯에 활용되기도 한다. 하지만 영화는 한 번 시작을 하면 러닝타임 동안 관객이 눈을 감든 떠들든 그 시작과 끝에 변화가 없다. 반면 게임은 어떨까? 만일 플레이어가 영화처럼 수동적으로 무언가 해 주길 바라면서 모니터를 응시하고 있다면, 모니터 속 마리오 역시 가만히 플레이어를 함께 바라보고 있을 것이다. 어떤 것도 진행되지 않으며 심지어 아무것도 하지 못하고 게임이 그냥 끝날 수도 있다. 상호작용은 게임 고유의 것이다. 게임의 이 상호작용성은 바로 플레이어에게 자율성을 연결하는 주요 기능이며, 게임 내에서 내가 모든 것을 통제하고 있다고 느끼는 자기통제감을 키워 주는 첫 번째 요인이다.

자율성은 개인이 자신의 행동과 선택에 대해 주도적으로 결정하고 조절할 수 있는 정도를 의미하는 심리적 상황으로, 자율성을 경험하는 것이 바로 게임이 공부보다 재미있어지는 첫 지점이다.

게임에서 얻는 자율성은 바로 명확한 목표와 게임 내의 규칙을 이해하게 되는 학습의 출발점이라 할 수 있다. 게임에서 주어진 목표를 어떻게 달성할 것인지, 어떤 전략을 사용하고 또 어떤 행동을 취해 이 위기를 벗어날지에 대해 선택의 기회를 제공하며, 플레이어는 자신의 행동에 주도권을 쥐게 된다. 자율성에 의한 자기 선택과 주도적 행동이 의미하는 것은 게임 속에서 자기통제감을 얻는 것을 말한다.

특히 게임 내의 자율성은 플레이어의 수준과 실력에 맞춰 난이도를 설정할 수 있는 권한마저 플레이어에게 내어 준다. 일반적으로 너무 어렵거나, 너무 쉬우면 우리는 그 상황에 잘 몰입하지 못한다. 게임은 난이도를 조절해 실력 차이를 일정 부분 극복할 수 있지만, 공부는 보통 학교에서 주어진 교육과정과 일정에 따라 지속적으로 난도가 올라간다. 한 학기라도 소홀하면 앞으로 남은 모든 과정에서 주도권을 잃는 경우가 다반사이다. 반대로 지금의 수준이 자신에게 쉬워서 공부에 흥미를 놓치는 경우도 있다. 학생이 자신의 수준에 맞게 커리큘럼 수준이 높아지는 것을 기다리는 것 역시 교육 현장에서 종종 볼 수 있다. 이러한 제약은 학습자의 선택과 주도권을 상대적으로 제한하는 것이다.

물론 공부에서 경험하는 자율성과 게임에서의 자율성은 많은 차이가 있다. 공부에서는 명확한 목표와 규칙, 즉 정답이 존재하지만 게임의 경우에는 목표를 달성하기 위한 정답이 없다. 그만큼 자율성의 차이가 있는 것이다. 한마디로 공부에서는 주어진 교재나 공부 방법을 따르는 것이 중요하며, 개인의 실력에 따른 난이도 조절은 상대적으로 어려운 일이다.

다시 말하면, 게임 내에서 플레이어는 자율성을 경험하고 이를 통해 자기통제감을 높일 수 있다. 이 완벽한 통제의 상황에서 플레이어는 재미를 느끼는 것이다. 우등생이라 불리는 소수의 학생은 공부의 상황에서 게임과 동일한 경험을 느낄 것이다.

아직 게임의 큰 장점 중 하나인 즉각적인 피드백과 보상체계에 대해 들어가지 않았지만, 자율성이라는 공부와 게임 간의 큰 차이점을 하나 발견할 수 있다. 이 자율성을 기반으로 자기통제감을 높이는 게임의 콘텐츠 구성은 이제 자기결정이론이라는 심리적 요인으로 이어지면서 동기부여의 총체로 자리를 잡는다. 다음으로 동기와 관련된 심리적 기제로서 자기결정이론에 대해 언급하겠다.

자기결정이론(Self-Determination Theory: SDT)은 개인이 자신의 행동과 선택에 대해 주도적으로 결정하는 과정을 이해하고 설명하는 심리학적 이론이다. 이 이론은 인간의 동기부여와 행동 결정에 영향을 미치는 요인들을 다루며, 개인이 어떻게 자율적으로 행동 결정을 내리는지를 탐구한다.

자기결정이론은 크게 네 가지의 핵심 개념으로 이루어져 있다. 스스로 선택하고 선택을 하기 위한 마음을 먹는 것, 즉 동기부여의 첫째 핵심 개념은 앞서 언급한 자율성이다. 앞서 언급하였듯이 자율성은 자기통제감을 만들고 이를 통해 몰입할 수 있는 환경을 조성한다. 자기결정이론에 따르면 이 일련의 심리기제가 곧 동기부여로 이어지는 것이다. 어느 분야이든 자기통제감을 지속해서 높이는 동시에 자율성을 계속 확보할 수 있다면 분명 자신이 그 분야에서는 유능함을 지니고 있다고 느낄 것이다. 실제로 실력이 계속해서 늘 것이기 때문이다.

여기서 자기결정이론의 둘째 핵심 개념인 자기효능감(self-efficacy)이 주요한 요인으로 등장한다. 자기효능감은 개인이 특정한 과제나 상황을 수행할 때, 스스로가 성공할 수 있을 것 같은 자신의 능력에 대한 믿음을 나타내는 심리적 기제이다. 이는 자신감(self-confidence), 자존감(self-esteem)과는 다른 개념으로, 자신감은 자기에 대한 긍정적인 자아, 자존감은 자기 가치와 자신에 대한 존중감을 의미한다. 물론 서로 매우 밀접한 관련이 있는 개념이지만 세부적으로는 차이가 있다.

자율성을 토대로 얻은 높은 자기통제감은 결국 주어진 과제를 차근히 하나씩 성공시키는 과정으로 이어진다. 작은 성공의 연속은 자기효능감을 높이는 가장 좋은 방법 중 하나로 이렇게 완성한 자기효능감은 어려운 과제나 도전하기 부담스러운 목표를 받았을 때, 그것을 해내고 싶다고 마음을 먹는 성취의 동기부여로 이어진다.

게임이 자율성으로 가득 차 있는 콘텐츠인 것처럼, 게임은 자기효능감을 생성하는 데 최적의 콘텐츠이다. 게임은 플레이어가 이 게임의 규칙과 조작법에 숙달하는 것을 전제로 콘텐츠를 기획한다. 대부분 처음 본 게임을 잘할 수는 없으니 플레이어가 조금 더 익숙해질 수 있도록 게임을 '가르치는 것'이다. 플레이어 입장에서는 재미를 얻기 위해서 게임 플레이에 대해 공부를 해야 하는 상황인 것이다. 공부도 재미를 얻기 위해선 더 낮은 난이도의 학습을 마스터해야 하는 것처럼 말이다.

다음 이미지는 〈애니팡 2〉라는 게임의 최초 튜토리얼 게임 장면이다. 이 게임은 쓰리매칭(3-matching) 퍼즐게임 장르로, 매우 간단하지만 높은 점수를 얻기 위해서는 연속되는 퍼즐 매칭 과정을 고민해야 한다. 이 퍼즐 장르는 현재 매우 인기 있는 장르 중의 하나이다.

〈애니팡 2〉의 튜토리얼 화면

출처: ⓒ Wemade Play Co., Ltd.

　앞의 그림 장면으로 유추했을 때, 1,500점이 높은 점수인지 기준은 잘 모르겠지만, 바로 다음 장면에서처럼 매우 간단한 같은 그림을 맞추면 점수를 얻는다는 규칙을 알려 준다.

　이 게임의 튜토리얼에서 모든 플레이어는 퍼즐 이동 15번 이내에 3만 점 가까이 되는 점수를 얻는다. 1,500점이 목표인데, 대부분의 플레이어가 3만 점에 가까운 점수를 얻는 것이다. 하지만 여기서 비교 대상은 다른 사람이 아니라 게임에서 제시한 목표점수 1,500점이다. 주어진 목표를 상당히 크게 웃도는 점수를 얻게 된 플레이어는 당연하게도 '나 이 게임 좀 잘하는 것 같은데?'라는 '〈애니팡 2〉 게임 효능감'을 얻는다.

　이 효능감을 얻은 플레이어는 자연스럽게 이 게임에서 나를 위해 준비한 여러 가지 도전이 궁금해진다. 다음 스테이지의 퍼즐과 장애물 등을 충분히 해결할 수 있는 긍정적인 상황을 이미 갖추었기 때문이다. 게임은 이렇게 자기결정이론의 핵심요소인 자기효능감을 통해 계속해서 성공적인 성취감을 제공하여 게임을 지속하게 하는 동기부여를 만들어 낸다.

　동기부여를 만드는 자기결정이론의 셋째 요소는 바로 관계성(relatedness)이다. 이 요소는 개인이 다른 사람들과의 연결과 상호작용을 통해 사회적인 지지와 소속감을 느끼는 정도를 말한다. 타인과의 상호작용을 통해 인간은 사회적인 관계와 연결을 형성하며, 이는 개인의 동기부여와 행동 결정에 영향을 미친다. 학업에서 누군가보다 더 높은 점수를 받기 위해 더욱 많은 노력을 하거나, 누군가에게 잘 보이기 위하여 더 높은 성취를 내기 위해 애쓰는 것 모두 동기부여를 만드는 관계성의 요소 중 하나이다. 인간은 사회적 동물이기 때문에 사회적 지지를 얻는 행동은 매우 중요한 동기부여의 요소인 것이다.

게임에서도 이 관계성은 게임을 계속해서 플레이하게 만드는 주요 동기부여의 요소 중 하나이다. 과거 오락실에서 리더보드의 높은 점수를 차지하기 위해 더욱 노력했던 일들부터, 현재 온라인 게임에서 경험하는 사회와 동일한 관계성에 이르기까지 게임은 사회적 관계에서 떨어질 수가 없는 매우 사회적인 콘텐츠이다.

TV 프로그램 〈골목식당〉으로 유명한 백종원 대표가 게임에서 직원을 채용했다는 유명한 일화가 있다. 게임 속에서 커뮤니티를 형성해 보지 않은 세대에겐 매우 가벼워 보일 수 있는 일화일 수 있다. 하지만 게임을 즐기는 세대에게는 있을 수 있는 일이다. 단순한 커뮤니티보다 더욱 끈끈하고 친근하게 어울리는 커뮤니티가 바로 게임 속 커뮤니티이기 때문이다.

자기결정이론에서 언급한 마지막 요소는 바로 내재적 동기이다. 앞서 언급한 모든 요소는 동기부여를 만드는 심리적 기제인데, 그 동기는 내재적 동기와 외재적 동기로 구분된다. 내재적 동기와 외재적 동기는 무언가를 하게 만드는 마음인 동기부여가 자신의 마음 안에서 시작되어 움직였는지, 아니면 외부의 어떤 요인에 의해서 움직였는지를 설명해 주는 개념이다.

내재적 동기(intrinsic motivation)는 개인이 특정 활동 자체에 대한 내부적인 흥미와 즐거움을 느끼고 자기 자체로서의 만족을 얻으며 행동하는 동기이다. 내재적 동기는 개인의 자체적인 욕구와 관련되어 있으며, 자신의 능력을 발휘하거나 자기개발을 위해 활동을 선택하는 경우 발현한다. 내재적 동기는 개인이 활동에 대한 자율성과 흥미를 경험하도록 돕는 역할을 하며, 내재적 동기가 높을수록 개인은 보다 창의적이고 지속적인 행동을 보이는 경향이 있다. 이와 반대로 외재적 동기(extrinsic motivation)는 외부의 보상이나 결과가 동기를 유도하거나 조절하는 경우를 의미한다. 예전 교육 현장에서 횡횡했던 체벌 같은 것이 외재적 동기 중 하나라고 볼 수 있다.

자기결정이론에서는 외재적 동기에 의하여 동기부여가 강제된다 하더라도, 동기의 내재화(intrinsicization of motivation)라는 개념을 통해 내재적 동기로 전환하는 것이 중요하다고 설명한다. 외부에서 시작했지만 내 안의 스스로의 동기부여 장치로 전환되어 나를 이끌어 가는 것은 자기결정이론의 최종 완성과 같은 개념으로 볼 수 있다. 이는 동기가 어디서 부여되었든 원하는 성취를 위해 움직이는 상태를 의미한다. 내재화된 동기는 외부적인 보상이나 강제적인 압력에 의존하는 외재적 동기와는 달리, 개인의 내부적인 욕구와 가치에 의해 행동하며 개인의 만족감과 성취감을 촉진한다. 내재화된 동기는 개인이 더 긍정적인 경험과 성과를 이끌어 내며, 지속적으로 동기부여를 유지하는 데 도움이 되기 때문이다.

동기의 내재화는 자기결정이론의 핵심요소인 자율성과 자기효능감, 관계성이 함께 움직이는 환경이 조성되면 점차적으로 얻을 수 있는 심리적 기제이다. 게임을 플레이할 때, 억지로 앉히고 시키는 것만 따라하도록 강요한다면 바로 외재적 동기에 의한 의무적 행위로 전락할 것이다. 이는 지금 교육 현장에서 벌어지고 있는 평범한 '공부'와 다를 바가 없어지는 것이다. 게임이 강력한 동기부여를 만드는 원인은 바로 동기를 스스로 내재화할 수 있는 환경을 조성하는 콘텐츠이기 때문이다.

스스로의 자율성에 의한 선택을 하고, 난이도를 조정하면서 학습하여 자신의 수준에 맞는 성공경험을 습득하고 어려운 것에 도전하면서 다른 사람들과 경쟁하고 협력하는 것, 게임에서 벌어지는 이 일련의 과정이 공부에서도 발현이 된다면, 그러한 환경을 만들어 준다면 공부 역시 재미있는 것으로 여겨질 수 있지 않을까? 이 맥락이 학습자 중심의 교육 방식, 교육 게이미피케이션이 등장하게 된 큰 이유 중 하나이기도 하다. 분명한 것은 게임의 메커니즘이 교수자 중심의 교육 방식에서 학습자 중심의 교육 방식 패러다임 변화에 매우 중요한 요소라는 것이다.

2. 몰입

무언가에 몰입(flow)한다는 말을 종종 사용해 본 적이 있을 것이다. 보통 좋아하는 스포츠 활동을 하거나 게임을 할 때, 악기를 연주하거나 집중해서 무언가 만드는 일 같이 일상에서 흔하게 접하는 일에 몰두하는 순간이 발생하면 이것을 '집중했다' 또는 '몰입했다'고 표현한다. 특히 이렇게 몰입하는 일 중에는 내가 잘하고, 좋아하고 자주 하고 싶은 일들이 있다. 단순히 악기 연주와 스포츠 활동뿐만 아니라 실제 업무에서 경험하는 몰입을 경험해 본 적도 있을 것이다. 그 역시 우리는 몰입했다고 느낀다.

몰입은 주로 개인이 흥미로운 활동에 집중하고 흡수되는 상태를 의미한다. 몰입은 미국의 심리학자인 칙센트미하이(Csikszentmihalyi)가 1990년도에 출간한 책 『Flow: The Psychology of Optimal Experience』에서 제시한 개념으로, 이 책을 시작으로 몰입의 경험과 몰입에 빠지는 방법 등이 알려졌다. 이 이론은 행동심리학, 긍정심리학, 경험심리학 등 다양한 분야에서 연구·응용되고 있다.

몰입은 개인이 경험하는 최상의 상태(optimal experience)로, 개인 스스로 느낄 때 긍정적인 감정과 성취감을 느끼고, 자기의식이 사라지면서 완전하게 몰두하는 상태를 의미한다. 특히 이 감정은 목표와 능력 수준이 균형을 이루는 상태에서 나타난다. 몰입 상태에 빠지면 시간이 빠르게 흐르며, 즐거움과 만족감을 경험한다. 칙센트미하이에 따르면 몰입은 개인의 활동에 대한 도전과 능력이 균형을 이루는 상태로, 시간 가는 줄 모르게 흘러가는 경험을 제공한다. 그리고 명확한 목표와 즉각적인 피드백을 받을 수 있는 활동에 참여하는 것이 매우 중요하다.

명확한 목표와 즉각적인 피드백을 통해 우리가 몰입을 손쉽게 경험하는 분야는 익스트림 스포츠(extreme sports), 악기 연주와 같은 활동이 있다. 악기 연주를 취미로 삼아 연습했던 경험이 있다면 쉽게 이해할 수 있을 것이다. 일정 실력을 넘어서, 관객을 앞에 두고 주도적으로 연주가 진행되는 순간, 시간에 대한 염두나 생각 따윈 나지 않고, 마음과 몸이 일치하는 경험을 하게 되기 때문이다. 노래를 잘하는 사람들에게 노래 역시 같은 역할을 하기도 한다. 연주자는 음악의 흐름과 감정을 표현하며, 자기 능력을 통해 창의성을 표현하고, 이때 따라오는 관객들의 환호, 즉각적인 피드백은 성취감을 극대화해 준다.

서핑, 스카이다이빙, 스노보드와 같은 익스트림 스포츠 역시 몰입을 만드는 대표적인 활동이다. 예를 들어, 서핑을 즐기는 동안 파도와의 조화를 찾고, 몸을 파도에 맞추며 순간적인 결정과 반응을 수행한다. 이런 순간들에서 개인은 활동에 완전히 몰두하고 시간과 공간의 제약을 느끼며, 자기 능력을 극한까지 발휘한다. 익스트림 스포츠에서 몰입을 경험하는 동안 개인은 과감하고 자유로운 상태로서 자기의식을 잃고, 도전과 열정에 흠뻑 빠질 수 있다.

몰입은 개인에게 긍정적인 영향을 준다. 이는 개인의 효능감과 성취감을 높여 주며, 시간이 가는 동안 스트레스를 줄여 주고 흥미로운 경험을 제공한다. 몰입 상태에서는 개인의 창의성과 문제 해결 능력을 키워 주기도 하며, 좋아하는 활동을 통해서 경험하는 몰입은 내 잠재력을 계속해서 발휘할 수 있게 하는 계기를 만들어 주고 무엇보다 삶에 큰 만족을 전해 준다.

여기서 재미있는 점은 몰입을 경험하는 활동들은 주로 영어에서 동사 'play'로 표현되는 분야라는 것이다. 이는 즐거운 경험을 내재하고 있다는 것이 단어에도 포함된다는 것을 의미한다. 익히 알고 있듯이 게임 역시 'play'를 한다. 몰입과 게임 간의 관계는 몰입의 발현 과정을 통해 좀 더 살펴보도록 하자.

칙센트미하이에 의하면 몰입하기 위한 준비, 즉 최적경험을 만드는 조건은 다음과 같다. 첫째, 명확한 목표와 행동규칙이 있어야 한다. '뭘 해야 하지?' '이렇게 하는 것이 맞나?'라는 생각이 들지 않도록 자연스러운 행동이 연속되어야 하는 것이다. 악기 연주나 스포츠 활동 역시 명확한 목표와 행동규칙을 제시해 준다. 이래야만 일상적인 걱정과 불필요한 생각을 하지 않아 몰입 상태에 빠져들 수 있기 때문이다.

둘째, 명확한 목표에 따라 도전하고자 하는 대상과 나의 능력의 균형에서 몰입을 경험한다. 도전하고자 하는 대상의 난이도가 내 실력에 비하여 너무 어려우면 불안감과 스트레스를 느끼게 된다. 이와 반대로 너무 쉬운 도전을 만나면 흥미를 잃게 되고, 결국 목표에 집중하지 못하는 상황을 만나게 된다.

셋째, 앞서 설명한 자기결정이론의 자율성, 자기통제감과도 연결된다. 내가 극복할 수 있는 수준의 목표를 정복 대상으로 삼아야지, 내 실력 안에서 자율성을 그리고 통제감을 느끼게 되며, 그 순간의 몰입을 경험하기 때문이다.

넷째, 이는 우리 선조들이 몰입 경험을 표현한 용어에서도 확인할 수 있다. 바로 무아지경(無我之境)이란 단어이다. 무아지경은 그 뜻을 그대로 풀이하면 '정신이 한 곳에 쏠려 스스로를 잊고 있는 경지'라는 뜻으로, 자아가 없는 상황을 의미한다. 몰입 상태에서는 이 무아지경을 그대로 느낄 수 있다. 몰입하고 있는 상황에서는 목표를 달성하기 위해 완전히 몰두하고 집중하고 있기 때문에, 자기의 일부를 인식하지 못하는 경험을 할 수 있다. 나를 둘러싼 현재 상황과 외부 배경을 자각하지 못하고 개인의 욕망이나 우려 등이 생각조차 나지 않는다. 그 상태를 한마디로 하면 무아지경에 빠진 것이다. 이는 일시적인 상태이고, 몰입이 끝나면 다시 원래의 상태로 돌아온다.

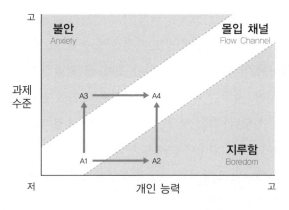

몰입 채널, 몰입은 도전하는 과제의 수준과 개인 능력의 균형에서 시작된다.

다섯째, 우리는 특정 분야에서 몰입을 경험하면 자기 능력을 높이 평가하고 또 새로운 도전에 대한 자신감을 키울 수 있다. 성취감과 이를 통해 새로운 자기계발의 동기부여를 얻게 되는, 선순환 구조를 완성하게 되는 것이다. 몰입은 궁극적으로 개인의 능력 향상과 자아실현의 기회를 제공하는 것이다. 앞서 설명하였듯이 게임과 자기결정이론의 관계처럼 게임은 몰입 경험을 형성하기 위한 최적의 시스템을 가지고 있다.

게임의 메커니즘을 매우 간단하게 설명하면 목표(goal)를 이루기 위해 특정 규칙을 지키며 행동을 반복하는 것이다. 그리고 이 목표에 따른 도전이 난이도별로 매우 체계적으로 구성되어 있다. 그리고 난이도를 조절할 수 있는 자율적인 권한 또한 플레이어가 가지고 있다. 내 수준에 맞는 적정 난이도를 설정해서 몰입할 수 있는 환경을 스스로 조성하는 것이다. 그리고 목표를 이루는 행위를 하는 과정에서 즉각적인 피드백 역시 존재한다. 이 피드백을 바탕으로 플레이어는 게임 내 실력을 키우기 위해 지속적인 도전과 실패를 반복하며, 이 도전을 통해 결국 플레이어는 게임의 실력자로 등극하게 된다.

게임 〈플레이투게더(Playtogether)〉를 예시로 살펴보자. 이 게임은 메타버스 월드를 표방하는 게임으로 사실 뚜렷한 목표가 주어진 게임은 아니다. 대신 놀이터와 같은 즐거움을 마음껏 펼칠 수 있는 장소를 제공하는 것에 가까운 게임이다. 놀이터를 떠올려 본다면 이해하기 쉽다. 즐거운 공간에 모인 아이들이 자체적으로 소꿉놀이나 술래잡기와 같은 게임을 시작한다. 놀이터라는 공간에 모여서 게임을 시작하는 것이다.

이 〈플레이투게더〉라는 게임은 놀이터와 같은 즐거운 세상을 구현해 놓은 게임이다. 그렇지만 〈플레이투게더〉 역시 분명한 게임이기 때문에 플레이어가 놀고 즐길 수 있는 명확한 목표를 제시해 놓았다. 낚시를 통해서 컬렉션과 재화를 수집해야 하는 목적을 주기도 하고, 학교에 가고 싶은 날은 학교에 가서 퀴즈를 풀어서 재화와 포인트를 모으기도 한다. 이는 게임 콘텐츠 내에서 목표와 피드백(포인트)의 체계화를 만들어 놓은 시스템인 것이다.

게임 〈플레이투게더〉의 낚시 콘텐츠와 학교 수업 콘텐츠
출처: ⓒ HAEGIN Co., Ltd.

이뿐만 아니라, 게임에서는 플레이어의 몰입을 형성하기 위해 다양한 요소를 활용한다. 게임에서 플레이어를 몰입시키지 못하면 그 게임은 상업적이든, 예술적이든 결론적으로 실패한 콘텐츠이기 때문이다. 이를 위해 게임에선 시각적인 디자인과 음향 효과, 게임 내 캐릭터와 스토리 등 플레이어의 호기심과 동기를 자극할 수 있는 여러 요소를 활용한다.

게임 그래픽의 예술성을 한 단계 올려놓았다는 평가를 받는 게임 〈저니〉(좌) /
타격감을 극대화한 그래픽 효과를 보여 준 게임 〈홈런 크래시〉(우)
출처: ⓒ Sony Interacitve Entertainment(좌); ⓒ HAEGIN Co., Ltd(우).

앞서 언급했던 여러 요소를 활용한 게임은 몰입을 경험하고 자기결정이론과 상호작용한다. 개인은 게임을 통해 몰입을 경험하고, 자기 능력의 향상과 새로운 도전에 대한 자신감을 얻는다. 이는 개인의 자율성과 자기통제감을 강화하고, 개인이 원하는 방향으로 자기결정을 할 수 있는 기회를 제공한다. 게임은 개인의 성취를 증진하며, 몰입을 통해 개인의 창의성과 문제 해결 능력을 향상하는 데에도 도움을 주기 때문이다.

이것이 바로 게임이 재미있는 이유이다. 게임을 통해 몰입을 경험하고 자기결정이론의 원리를 적용함으로써 개인은 자아실현과 삶에 대한 큰 만족을 얻을 수 있다. 심리학적으로 검증된 동기부여 이론과 몰입의 과정 등을 시스템적으로 구현해 놓은 콘텐츠가 게임이기 때문이다.

3. 자기결정이론과 몰입의 상호작용

자기결정이론과 몰입, 이 두 가지 심리적 기제는 재미있게도 게임에서 구체적으로 발현되고 있다. 다시 말해, 게임은 자기결정이론과 몰입이라는 두 기제의 상호작용을 통해 동기부여를 만드는 콘텐츠로 자리를 잡았다.

몰입과 자기결정이론은 개인의 내적 경험과 행동에 영향을 미치는 요소로서 상호작용을 한다. 세부적으로 보면 몰입은 개인이 활동에 집중했을 때 경험하는 긍정적인 심리기제로, 자기결정이론에서 이야기하는 자율성과 자기통제감을 발현하기 위한 발판으로 작용한다. 몰입을 경험했다는 것은 적절한 난이도를 찾아서 차분하게 자신의 실력을 충분히 발휘하고 있음을 뜻하기 때문이다. 이는 곧 성공 경험을 얻었으며 자기효능감을 조금씩 얻는 것으로 연결이 된다. 이 순환구조는 몰입의 측면에서 봤을 때도 몰입 상태를 경험하고 유지하기 위해서 자기결정이론의 원리가 필요하다. 즉, 서로 상호보완적인 관계를 갖는다고 볼 수 있다. 이 상호보완적 관계를 보다 자세히 살펴보면, 먼저 몰입이 자기결정을 강화하는 역할을 수행한다. 몰입 상태에서 개인은 지금 수행하고 있는 활동에 대하여 자발적인 참여와 자기주도적인 행동을 경험한다. 이는 자기결정이론에서 말하는 동기부여의 근원을 마련한 셈이다.

또한 자기결정이론에서는 개인의 자율성과 적절한 난이도와 목표 설정을 강조한다. 이는 지금 내 상황에 맞는 전략적 사고를 하고, 이를 통해 내재적 동기부여를 확고히 하는 상황을 만드는 것을 자연스럽게 유도한다. 즉, 몰입에 필요한 기본적 요소인 적절한 난이도와 목표(동기)가 설정된다. 몰입을 유발하는 데 주요한 요소를 자기결정이론에서 출발점으로 만들어 주는 셈이다.

몰입과 자기결정이론은 서로 다른 개념이지만, 개인의 동기와 경험을 이해하는 상호작용의 틀을 제공한다. 몰입은 자기결정이론에서 강조하는 자기주도적인 행동과 자발적인 참여를 촉진하며, 자기결정이론은 개인이 몰입 상태를 경험하고 유지할 수 있는 조건과 전략을 제시하기 때문이다. 이러한 상호작용은 개인의 동기와 내적 경험을 더욱 풍부하게 만들어 개인이 성장하고 성취감을 느낄 수 있는 환경을 조성한다.

게임은 이러한 몰입과 자기결정이론의 상호작용을 효과적으로 구현해 놓은 콘텐츠이다. 앞서 이야기했듯, 게임은 몰입을 유발하기 위해 다양한 전략과 기술이 녹아 있는 콘텐츠로 지속적인 발전을 하였다. 게임은 도전과제를 제시하고 그에 맞는 목표를 설정해 플레이어가 스스로 자신의 실력에 맞는 도전과제를 찾아 재미의 균형을 찾을 수 있는 시스템을 제공한다. 이러한 과정은 재미있게도 개인의 창의성과 문제 해결 능력을 향상하는 데 도움을 준다. 플레이어는 상황에 맞는 전략을 계획하며, 문제를 해결하는 경험을 얻는다. 이러한 경험들은 현실 세계에서의 문제 해결과 창의적 사고에도 영향을 미치는데, 게임을 통해 얻은 경험과 스킬을 실제 상황에 적용할 수 있기 때문이다. 바둑의 용어가 실생활에서 매우 광범위하게 쓰이는 것을 생각해 보면 이해가 더 편할 것이다. 관념적인 사고 외에도 게임을 즐기기 위해 배우는 조작법 등도 매우 재미있는 사례이다. 윈도(Window)에 기본으로 설치된 〈지뢰찾기〉 게임은 새로 등장한 마우스라는 컨트롤러를 연습시키기 위해 개발된 프로그램이다.

이와 관련하여 최근에 등장한 매우 흥미로운 사례가 하나 있다. 게임 컨트롤러는 많은 버튼을 효과적으로 배치해서 플레이어가 조작법을 손쉽게 익히도록 해야 한다. 게임도 배워야 하는데, 컨트롤러까지 복잡하고 어려우면 플레이어는 더 이상 학습을 하려고 하지 않기 때문이다. 게임기 개발사는 그만큼 많은 고민을 통해서 컨트롤러를 만든다. 이 이야기는 반대로 상호작용을 해야 하는 디지털 컨트롤러 중에 게임 컨트롤러만큼 고민을 하며 만들어 낸 것이 아직 없다는 말이기도 하다.

실제로 2018년 미 해군에서는 최신형 무인 핵잠수함인 'USS 콜로라도'를 제어하기 위해 MS사의 게임기인 XBOX의 게임패드를 실전에 배치하였다. 미군은 젊은 선원들이 더욱 친숙하고 장비를 쉽게 활용할 수 있다고 언급하기도 했다. 기존 조종기로는 몇 시간 이상 컨트롤러에 익숙해지기 위해 노력해야 했다면, 이 XBOX 게임패드는 단 몇 분 만에 직관적으로 적응했다고 한다. 심지어 가격도 천 배 이상 저렴하고, 손쉽게 대체가 가능하다는 장점까지 있다. 게임을 잘 조작하면 전쟁도 능숙하게 수행하는 시대가 온 것이다.

이 모든 요소가 게임에서 하나하나 모두 중요하지만, 게임이 심리적 기제의 상호작용을 통해서 제공하는 가장 성공적인 기능 중 하나는 바로 '실패할 권리'이다. 게임은 실패를 권장한다. 살짝 어려운 수준의 난이도에 적응하고 그것을 극복하려면 분명 플레이어는 여러 번의 실패와 도전을 반복하는 과정을 겪어야만 한다. 이러한 도전은 어려움에 대한 두려움을 극복하고, 최종적으로는 플레이어의 능력을 향상시키는 것을 목적으로 한다. 우리의 삶에서 사실 실패를 권장하는 분야는 거의 없다고 봐도 무방하다. 실패는 난이도를 확인하고 자신의 실력을 올리기에 중요한 과정 중의 하나인데도 말이다.

미 해군에서 무인 잠수정을 컨트롤하기 위해 사용한 XBOX 게임패드
출처: 김동표(2017. 10. 16.).

결론적으로 게임은 자기결정이론과 몰입의 원리를 구현하고 상호작용시켜서 개인의 동기부여와 내적 경험을 향상시키는 효과적인 콘텐츠이다. 게임을 통해 개인은 자신의 능력과 창의성을 발휘하며 성취감을 느낄 수 있고, 동시에 협력과 소통을 통해 사회적 관계를 형성하고 성장할 수 있다. 게임은 우리의 삶을 긍정적인 효율성으로 이끌어 주는 강력한 도구 중 하나로서, 계속해서 발전해 나가고 있다.

4. 게임 디자인의 방법론: 몰입을 경험하게 하는 게임의 코어메커닉

게임은 어떻게 기획이 되고 만들어지기에 우리가 몰입을 경험하게 되는가? 그걸 자세히 살펴보기 위해서는 먼저 게임이 어떤 구성요소를 포함하고 있는지를 확인해야 한다. 대표적으로 간단한 고전 게임 하나를 예시로 살펴보도록 하자.

캡콤(Capcom)사에서 1984년도에 개발한 〈1942〉라는 아케이드 게임은 당시에는 새로웠던 유형의 슈팅 게임으로, 직관적인 조작과 몰입을 만드는 게임성을 완성하여 아직까지도 회자되는 고전 명작 게임 중 하나이다. 〈1942〉는 플레이어가 제2차 세계대전의 전투기 조종사로서 태평양 전쟁 시기인 1942년에 일본군을 상대로 벌이는 작전을 배경으로 한다.

게임은 세로 형태의 스크롤 방식으로 진행되며, 플레이어의 비행기는 가만히 있어도 화면이 상단으로 흘러간다. 진행이 자동으로 되고 있다는 이야기이다. 즉, 적군의 미사일을 피하는 조작법에 몰입할 수 있는 진행상의 환경을 조성해 준 것이다. 플레이어는 총알을 발사하고 적의 공격을 피하면서 생존해야 한다. 게임의 난이도는 점점 상승하며, 맵의 끝에 도착하게 되면 보스와의 전투를 벌인다.

〈1942〉는 당시에 혁신적인 게임 시스템과 고해상도 그래픽으로 높은 인기

고전 슈팅 액션 게임, 〈1942〉

출처: ⓒ Capcom Co., Ltd.

를 구가했다. 가장 매력적인 것은 빠른 게임의 진행 속도와 간단한 조작 체계의 밸런스가 완벽했다는 점이다. 그 때문에 슈팅 게임의 역사에 매우 큰 영향을 끼친 작품으로 인정받는다.

근본적인 질문을 한번 해 보자. 〈1942〉는 어떻게 플레이어의 참여를 유도할까? 게임을 시작하면 적군의 비행기가 등장해서 동그란 모양의 미사일을 발사한다. 게임을 처음 접한 플레이어는 피한다는 생각보다는 가만히 있거나 혹은 달려들 수도 있겠지만, 그러면 바로 플레이어의 기체는 폭파되고, 잠시 뒤 새로운 기체를 공급받는다. 실패의 즉각적인 피드백을 준 것이다.

하지만 당황하지 않은 플레이어는 바로 반격을 하게 된다. 컨트롤러의 버튼을 눌러 자신의 미사일을 발사하는 것이다. 플레이어의 미사일에 명중당한 적군의 비행기는 바로 폭파되고 포인트로 환원된다. 플레이어는 지금 당장의 포인트 획득은 신경 쓰지 않고 적군의 기체를 쓰러뜨리는 데 최선을 다한다.

〈1942〉의 게임 종료 후에 나오는 점수 리더보드(순위표)

출처: ⓒ Capcom Co., Ltd.

첫 스테이지에서 만난 보스를 가까스로 이기면 두 번째 스테이지에 갈 수 있으며, 다음 스테이지에서 다른 보스에게 다시 실패의 쓴맛을 볼 수도 있다. 어느 순간 게임을 즐기다가 겪는 실패 덕에 내게 주어진 '목숨'은 이미 다 소비가 되고 게임은 끝이 난다. 이때 우리는 리더보드(순위표, leader board)를 만난다.

처음엔 내가 적는 이니셜의 의미와 내 순위를 신경 쓰지 않는다. 하지만 게임을 플레이하는 횟수가 점차 많아지고 내 실력이 계속해서 늘고 있음을 인지하면 리더보드의 내 위치를 점차 인식한다. 게임 내의 수많은 요소에서 얻는 포인트가 비로소 의미를 가지는 것이다. 남보다 더 높은 포인트를 얻기 위해 플레이어는 게임의 전략적 요소를 연구하고 실력을 쌓아간다. 플레이어의 행동에 따른 작은 점수 피드백이 결론적으로는 게임의 몰입을 만드는 결과를 가져오는 것이다. 단순한 조작법과 게임성만으로도 우리를 몰입하게 만들 수 있다.

방금 든 예시처럼, 게임은 플레이어마다 각자의 목표를 스스로 세울 수 있는 여러 장치를 만들어 놓는다. 〈1942〉의 경우에는 높은 스코어를 달성해야겠다는 목표와 최종 스테이지까지 원코인(동전 하나)으로 클리어를 해 보겠다는 열망 같은 것이다. 게임을 처음 즐긴 플레이어에게는 내 실력이 점진적으로 증가하고 있음을 확인할 수 있도록 점수와 진척도(클리어한 스테이지 수)를 보여 주기도 한다. 이 진척도를 통해 플레이어는 게임이 끝나면 더 높은 스테이지에 도달하겠다는 목표와 새로운 동기부여가 생긴다.

이 내용을 종합해 보면, 게임은 작은 행동을 반복하고, 반복한 결과의 피드백을 받는다. 이 작은 반복을 하는 원의 구성이 바로 게임 기획의 알파이자 오메가이다. 이러한 반복의 행동을 게임 디자인 용어로 코어메커닉(core mechanics)이라고 부른다. 이 코어메커닉을 보다 세밀하게 구성하고 디자인하는 것이 바로 게임 기획에서 가장 중요한 부분이다. 게임은 코어메커닉을 반복하는 것이 재미있어야 한다.

코어메커닉은 게임의 핵심적인 규칙과 상호작용을 나타내는 개념이다. 이는 게임의 핵심 시스템과 플레이어의 행동 간의 상호작용을 정의하고 구조화한다. 즉, 코어메커닉은 게임 플레이의 핵심을 이루는 규칙, 동작, 상호작용, 제약 조건 등을 포함한다.

〈1942〉의 코어메커닉은 비행기를 조종하여 적군의 미사일을 피하면서 동시에 나의 공격을 명중시키는 것이다. 그 반복의 틀 위에 좋은 그래픽과 포인트와 같은 피드백, 각종 퀘스트와 레벨 등 게임 시스템을 추가한다. 코어메커닉은 게임 디자인의 기반이 되며, 플레이어 경험과 게임의 목표를 형성하는 주요 행동이다.

일반적인 게임의 코어메커닉은 다음과 같다.

- **이동**: 플레이어 캐릭터의 이동은 대부분의 게임에서 중요한 코어메커닉이다. 이동은 플레이어의 캐릭터를 컨트롤하고, 게임 속 세상을 탐험할 때 활용하는 주요 반복 행위이다. 이동을 반복하는 것은 게임에서 플레이어가 만날 새로운 이벤트에 대한 기대를 증폭시키는 매우 중요한 기다림의 반복인 것이다. 게임의 세상을 탐험하는 것은 공기와 같은 존재이다. 플레이어들은 눈치채지 못하지만 게임을 개발하는 입장에선 너무나 중요한 반복의 요소 중 하나이다.

〈플레이투게더〉/〈오버독스〉의 이동장면

출처: ⓒ HAEGIN Co., Ltd.

- **공격/방어**: 전투 시스템이 있는 게임에서는 이 공격과 방어가 가장 중요한 코어메커닉이다. 보통 게임에선 이동 역시 전투와 방어를 반복하기 위해 사용이 된다. 전 세계에서 가장 인기 있는 e스포츠(e-sports) 종목인 〈리그 오브 레전드(League of Legend: LOL)〉 역시 공격과 방어를 반복하는 게임이다. 플레이어 각자의 캐릭터가 만나면 지속해서 공방을 벌인다. 단순하게 말한다면 이 공방을 계속해서 반복하는 게임이 바로 〈LoL〉이다. 이와 같은 공격/방어의 코어메커닉이 가장 잘 드러나는 게임은 공격과 방어에만 집중한 〈스트리트파이터〉나 〈철권〉과 같은 대전 액션 게임이다.

대전 액션 게임의 고전 〈스트리트파이터 2〉/모바일 액션 게임 〈오버독스〉

출처: ⓒ Capcom Co., Ltd(좌).; ⓒ HAEGIN Co., Ltd(우).

- **퍼즐 풀기**: 퍼즐 게임에서는 퍼즐 해결을 반복하는 것이 코어메커닉이다. 플레이어는 문제를 분석하고 논리적인 사고를 통해 퍼즐을 해결하여 게임을 진행한다.

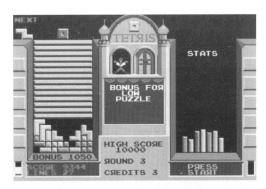

우리는 퍼즐을 논리적으로 반복해서 푸는 것만으로도 매우 큰
재미와 몰입을 느낀다. 퍼즐 게임에서는 퍼즐을 계속해서 반복하는 것이다
출처: © The Tetris Company, LLC.

- **리소스 관리**: 리소스(자원) 관리는 시뮬레이션 게임들에서 주로 활용되는 코어메커닉이다. 일부 제한적인 리소스를 벌면서 동시에 사용하는 것을 반복한다. 이 반복을 통해 게임에서 설정한 목표를 이루는 것이다. 게임 〈삼국지〉는 대표적인 자원 관리 코어메커닉을 가지고 있는 게임이다. 자

〈삼국지 3〉
출처: Koei Tecmo Holdings Co., Ltd.

원을 관리하여 천하를 통일하는 것이다. 대부분의 건설 시뮬레이션 게임
역시 마찬가지이다.

● 선택과 결과: 특정 게임에서는 선택과 선택에 따른 결과를 반복하는 것으
로 게임의 주요 메커닉을 구성한다. 플레이어의 선택이 게임의 진행과
이야기에 영향을 미친다.

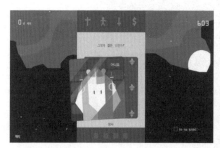

어느 개발자는 선택과 그 결과만으로 왕국을 다스리는 게임을 만들기도 했다.
다양한 선택지와 그에 따른 결과의 조합은 매우 재미있는 게임의 코어메커닉이기도 하다.
출처: ⓒ Devolver Digital; ⓒ Gainax Co., Ltd.

게임의 코어메커닉은 게임의 장르, 목적, 디자인에 따라 많은 변화와 조합
이 가능하다. 코어메커닉은 게임의 핵심적인 경험을 형성하며, 플레이어에게
도전과 성취감을 제공하는 역할을 수행한다.

5. 코어메커닉을 구성하는 게임의 요소와 게임 다이내믹스

모든 콘텐츠의 고전이 그렇듯, 고전 게임이 지금까지 회자되는 이유는 완
벽한 코어메커닉을 정립했다는 데 있다. 그리고 그 코어메커닉은 지금의 게
임 디자인에서도 계속해서 활용되고 있다. 게임 개발의 역사는 바로 코어메커
닉을 둘러싼 게임의 요소가 중첩되는 과정이다. 앞서 설명했듯이 게임은 주요
행동을 반복하고 그 반복에 따른 능력의 숙달과 난이도의 조절을 통해 재미를

만들어 낸다. 하지만 거기에서 그치지 않고, 반복을 더욱 재미있게 만들거나 새로운 목표를 설정하게 만드는 게임의 구성요소를 추가해 더욱 풍성하게 만드는 것이다.

　다시 〈1942〉로 돌아가 보자. 이동과 공격, 회피를 반복하는 코어메커닉에서 공격에 성공하면 일정 점수를 얻는다. 이 점수가 바로 게임의 구성요소 중 하나이다. 그리고 게임이 종료된 이후 나오는 리더보드 역시 매우 중요한 동기부여의 요소 중 하나이며, 지금도 여러 게임에서 중요하게 사용되는 게임의 요소이다.

　다음은 코어메커닉을 풍성하게 만드는 게임의 주요 구성요소의 종류이다.

- **포인트(Point):** 포인트는 플레이어의 성과와 진척 상황을 나타내는 수치이다. 플레이어가 특정 작업을 수행하거나 목표를 달성할 때마다 포인트를 얻을 수 있다. 포인트는 플레이어에게 성취감을 주고 경쟁 요소를 도입하여 동기부여를 높인다.
- **레벨(Level):** 레벨은 게임의 진행 단계를 나타낸다. 플레이어는 특정 조건을 충족하여 레벨을 올리거나 새로운 레벨에 도달할 수 있다. 레벨이 오르면 플레이어는 새로운 도전과 성취를 경험하며, 게임의 복잡성과 난이도를 증가시키기 위한 기준 중에 하나로 활용된다.
- **도전과 퀘스트(Challenges and Quests):** 도전과 퀘스트는 플레이어가 특정 과제를 수행하거나 목표를 달성하기 위해 진행하는 활동이다. 도전과 퀘스트는 플레이어에게 명확한 목표를 제시하고, 성취감을 주고, 게임의 주요 진행 요소로 작용한다.
- **리워드(Reward):** 리워드는 플레이어가 성과를 달성하거나 특정 도전을 완료했을 때 주어지는 보상이다. 리워드는 포인트, 아이템, 업그레이드, 특권 등 다양한 형태로 나타날 수 있으며, 플레이어에게 동기부여와 만족감을 제공한다.
- **리더보드(Leader board):** 리더보드는 일종의 순위표로서 플레이어들의 성

과와 순위를 비교하여 나타내는 시스템이다. 리더보드는 경쟁과 사회적 비교를 유도하여 플레이어들 사이의 경쟁을 촉진하고, 목표 달성에 대한 동기부여를 높여 주는 역할을 한다.

- **팀과 협력(Teams and Collaboration)**: 플레이어들을 팀 또는 그룹으로 나누어 협력과 협업을 장려한다. 팀과 협력은 플레이어들 사이의 상호작용과 소통을 촉진하며, 함께 목표를 달성하는 경험을 제공한다.

- **피드백(Feedback)**: 피드백은 플레이어의 행동과 성과에 대한 정보를 제공하는 시스템이다. 피드백은 플레이어에게 목표 달성에 대한 방향성을 제시하고, 성과를 평가하며, 행동을 수정하거나 개선할 기회를 제공한다.

- **아바타(Avatar)**: 아바타는 게임 속이나 가상 환경에서 플레이어를 대신하는 캐릭터를 말한다. 아바타는 플레이어의 개인화와 연결을 도모하고, 플레이어가 게임 세계에 더욱 몰입하게 한다.

- **아이템(Items)**: 아이템은 게임 내에서 사용되는 가상의 물건이나 도구이다. 아이템은 플레이어에게 추가적인 능력, 보너스 점수, 특별한 기능 등을 제공하며, 게임 경험을 다양화하고 보상감을 높이는 역할을 한다.

- **업그레이드(Upgrades)**: 업그레이드는 플레이어가 게임 내에서 자신의 아바타, 능력, 장비 등을 강화 또는 향상시킬 수 있는 기능이다. 업그레이드는 플레이어에게 성취감과 동기부여를 주며, 게임을 진행하면서 발전과 성장을 경험하게 한다.

- **시간 제한(Time Limit)**: 시간 제한은 게임 내에서 수행해야 할 작업이나 퀘스트를 완료하기 위해 주어진 일정한 시간의 제한 기능이다. 시간 제한은 플레이어의 의사결정과 압박감을 유발하여 게임의 긴장감을 높이고, 플레이어들에게 적절한 도전을 제공한다.

이러한 구성요소들은 게이미피케이션에서 동기부여와 몰입을 촉진하고, 플레이어들의 참여와 상호작용을 활성화하는 역할을 한다. 게임 디자이너들은 이러한 요소들을 효과적으로 조합하여 플레이어들에게 재미와 만족감을 제공하는 게임을 구성한다.

표 2-1　게임의 주요 구성요소

게임의 주요 구성요소	설명
포인트	플레이어의 성과와 진척 상황을 나타내는 수치
레벨	게임의 진행 단계
도전과 퀘스트	플레이어가 특정 과제를 수행하거나 목표를 달성하기 위해 진행하는 활동
리워드	플레이어가 성과를 달성하거나 특정 도전을 완료했을 때 주어지는 보상
리더보드	플레이어들의 성과와 순위를 비교하여 나타내는 시스템
팀과 협력	플레이어들을 팀 또는 그룹으로 나누어 협력과 협업을 장려
피드백	플레이어의 행동과 성과에 대한 정보를 제공하는 시스템
아바타	게임 속이나 가상 환경에서 플레이어를 대신하는 캐릭터
아이템	게임 내에서 사용되는 가상의 물건이나 도구
업그레이드	플레이어가 게임 내에서 자신의 아바타, 능력, 장비 등을 강화 또는 향상시킬 수 있는 기능
시간 제한	게임 내에서 수행해야 할 작업이나 퀘스트를 완료하기 위해 주어진 일정한 시간의 제한 기능

　그렇다면 이번엔 조금 더 복잡한 최근 게임을 예시로, 게임의 코어메커닉과 구성요소가 어떻게 조화를 이루고 있는지 한번 살펴보도록 하자.

　〈젤다의 전설: 왕국의 눈물〉은 닌텐도(Nintendo)사에서 2023년에 발매한 액션 어드벤처 게임이다. 〈젤다의 전설〉은 〈슈퍼 마리오〉와 함께 닌텐도사를 대표하는 가장 유명하고 또 중요한 지식재산권(Intellectual Property: IP)으로, 1986년부터 지금까지 전 세계적으로 사랑받는 게임 시리즈이다. 가장 최근작인 〈왕국의 눈물〉을 살펴보면, 플레이어는 이동과 채집 그리고 전투를 통해 얻은 보상을 관리하는 단계로 게임을 반복한다.

〈젤다의 전설〉 코어메커닉 1-이동: 플레이어는 퀘스트나 이벤트,
또는 적을 찾기 위해 넓은 월드를 계속해서 이동한다.
출처: ⓒ Nintendo Co., Ltd.

〈왕국의 눈물〉에서 이동은 매우 중요한 반복의 요소이다. 숨겨진 요소와
주요 아이템, 전투 상대를 찾는 모든 행위의 시작이 바로 이동이다. 자칫 지루
해질 수도 있는 이 요소를 반복시키는 이유는 스토리에 대한 몰입과 퀘스트의
발견, 지역 곳곳에 숨겨져 있는 퍼즐 요소 등 우연에 따른 재미를 줄 수 있기
때문이다. 퀘스트를 수행하기 위해 이동을 하고, 아직 발견하지 못한 지역을
탐험하여 내가 가진 지도를 완성하는 업그레이드의 요소도 이동을 통해 활용
되는 것이다.

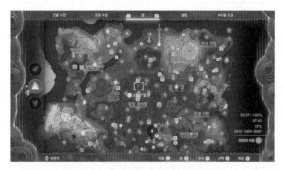

여행을 다니다 보면 맵에 숨겨진 요소들을 계속해서 수집하게 된다.
출처: ⓒ Nintendo Co., Ltd.

이동을 반복하면서 지역을 탐험하다 보면 무수히 많은 보상을 얻을 수 있다. 이때 얻는 보상의 종류는 포인트와 아이템으로 나뉜다. 〈왕국의 눈물〉에선 지역 곳곳에 사당이라는 장소를 숨겨 두었는데, 플레이어는 해당 장소에 도착해 여러 퍼즐을 풀면서 사당을 공략할 수 있다. 사당에 숨겨져 있는 보물상자에서는 플레이어에게 도움이 되는 아이템을 얻을 수 있으며 내가 공략한 사당은 지도에 표시된다.

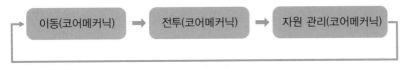

다시 반복

젤다의 코어메커닉	코어메커닉에서 활용하는 게임의 요소
이동	포인트, 리워드, 팀과 협력, 피드백, 아이템, 업그레이드, 퀘스트
전투	포인트, 레벨, 리워드, 아이템, 도전과 퀘스트, 피드백, 리더보드
자원 관리	포인트, 레벨, 업그레이드, 피드백, 리더보드, 아바타

전투는 단순하지만 긴장감 있게 구현해 놓았다. 특히 스토리텔링에 따라
등장하는 보스는 매우 큰 긴장감을 선사한다.

출처: © Nintendo Co., Ltd.

퀘스트를 수행하기 위해 또는 플레이어가 설정한 목표를 이루기 위해 이동을 하다 보면 결국 적을 만난다. 일반적으로 만나는 몬스터는 단순한 전투의 반복이지만, 보스 형태의 적은 플레이어에게 매우 큰 도전을 선사한다. 치열한 전투 후에 적을 쓰러뜨리면, 플레이어는 경험치와 골드라는 포인트와 아이템이라는 보상을 얻는다. 〈왕국의 눈물〉의 경우 RPG[1] 장르의 요소가 포함되어 있지만 전반적인 게임의 뼈대는 어드벤처이기 때문에, 캐릭터가 지속적으로 강해진다기보다는 아이템과 골드, 퍼즐을 해결할 수 있는 주요 힌트 등의 보상을 반복해서 습득한다. 이 반복은 지루한 반복이 아니다. 게임을 즐기는 사람에게는 한 번도 같은 경험을 주지 않는 즐거운 반복이다. 게임은 결국 유저에게 즐거운 반복을 선사하는 콘텐츠이다. 반복을 통해 포인트와 보상 등을 얻으며 스토리텔링의 진척을 경험하도록 구성한다. 이를 세밀하게 만들어 내는 것이 결국 게임을 디자인하는 방법이다.

게임을 디자인하는 순서와 방법에 대하여 어느 정도 대략적인 설명을 했으나 이는 정말 대략적인 설명에 지나지 않는다. 〈왕국의 눈물〉이라는 게임은 최소 5년 이상의 개발 기간이 걸렸고, 세계적인 수준의 게임 메커니즘을 구현한 덕에 출시 3일 만에 천만 장을 판매하고 1년 만에 세계적으로 3천만 장에 가까운 판매고를 올렸다(〈젤다의 전설: 왕국의 눈물〉의 국내 출고가는 66,800원이다). 그만큼 꼼꼼하고 세밀하게 게임의 세계관과 플레잉 메커니즘이 잘 구성되어 있는 것이다.

중요한 것은 게임을 기획하고 만드는 일이 아닌, 게임의 전반적인 구성을 이해하는 것이다. 반복을 위한 코어메커닉을 구성하고, 이에 따라 플레이어는 여러 게임의 요소를 얻거나 수행하는 형태로 게임의 구성요소를 활용하는 것이다. 마지막으로, 이 두 가지(코어메커닉과 게임의 구성요소)를 통해 플레이어

---

1) RPG(Role-Playing Game): 플레이어가 가상의 캐릭터를 맡아 그 캐릭터의 역할을 수행하며 게임 세계를 탐험하는 게임의 장르를 말한다. RPG 장르의 요소는 캐릭터 커스터마이징, 레벨링 시스템, 퀘스트, 스토리라인, 아이템 관리, NPC(Non Player Character)와의 대화 및 선택 등이 있다.

에게 주는 경험을 바로 게임 다이내믹스라고 표현한다. 게임 다이내믹스는 다음과 같다.

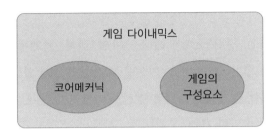

- 성취(Achievement): 성취는 플레이어가 게임 내에서 목표를 달성하고 결과적으로 성과를 얻는 과정을 의미한다. 게임은 다양한 도전과제, 업적, 레벨업 등을 통해 플레이어에게 목표를 제공하고 그것을 달성함으로써 성취감을 부여한다. 성취 다이내믹스는 플레이어의 동기부여와 성장을 촉진하며, 게임 내에서의 목표 달성을 통한 성취감은 게임의 중요한 요소 중 하나이다.
- 이타심(Altruism): 이타심은 플레이어가 자신의 이익보다 타인이나 게임 세계의 다른 요소들을 도우며 협력하는 요소를 말한다. 게임은 협동 플레이, 도움을 주고받는 시스템, 팀 플레이 등을 통해 이타심을 유도한다. 이타심 다이내믹스는 플레이어의 사회적 상호작용과 협력을 촉진하며, 게임에서 다른 플레이어나 NPC에게 도움을 주는 과정에서 공감과 협업을 경험할 수 있다.
- 탐험(Exploration): 탐험은 플레이어가 게임 세계를 탐방하고 새로운 지역, 비밀, 보상을 발견하는 과정을 의미한다. 플레이어는 게임 세계를 자유롭게 탐험하며 숨겨진 보물이나 퀘스트를 찾아 나간다. 탐험 다이내믹스는 플레이어의 호기심과 발견의 기쁨을 자극하며, 게임 세계의 깊이와 다양성을 강조한다.
- 전투(Combat): 전투는 플레이어가 적과의 싸움을 통해 경험하는 요소이

다. 다양한 무기, 기술, 전략을 활용하여 적을 물리치고 승리를 차지하는
과정에서 전투 다이내믹스가 형성된다. 전투 다이내믹스는 플레이어의
반사신경과 전략적 사고를 요구하며, 플레이어가 게임 내에서 경험하는
전투의 긴장감과 승리의 성취감을 제공한다.

- 경제(Economy): 경제는 게임 내에서 자원, 화폐, 거래 등을 관리하고 조
  작하는 요소이다. 플레이어는 자원을 수집하고 가치 있는 아이템을 구매
  또는 판매하여 경제적인 성장과 발전을 이루어 나간다. 경제 다이내믹스
  는 플레이어의 자원 관리, 투자 전략, 시장 파악 등을 요구하며, 게임 내
  에서의 경제적인 흐름과 상호작용을 형성한다.

표 2-2 **게임 다이내믹스 요소**

게임 다이내믹스 요소	설명
성취	플레이어가 게임 내에서 목표를 달성하고 결과적으로 성과를 얻는 과정을 의미
이타심	플레이어가 자신의 이익보다 타인이나 게임 세계의 다른 요소들을 도우며 협력하는 요소
탐험	플레이어가 게임 세계를 탐방하고 새로운 지역, 비밀, 보상을 발견하는 과정을 의미
전투	플레이어가 적과의 싸움을 통해 경험하는 요소
경제	게임 내에서 자원, 화폐, 거래 등을 관리하고 조작하는 요소

　이러한 게임 다이내믹스 요소들은 서로 상호작용하며 게임의 재미와 깊이
를 형성한다. 게임 디자이너들은 이러한 요소들을 조화롭게 조합하고 게임의
목표, 규칙, 시스템 등을 설계함으로써 플레이어들이 다양한 경험을 할 수 있
도록 한다.

　게임은 플레이어의 조작과 행동에 따라 결과를 피드백하는 시스템으로 구
성된다. 이러한 피드백은 포인트, 레벨, 아이템 등의 보상으로 나타날 수 있
다. 게임에서 보상은 플레이어에게 성취감과 동기부여를 주는 중요한 요소이

다. 플레이어가 게임 내에서 목표를 달성하거나 어려운 과제를 해결했을 때, 즉각적인 보상을 받으면서 더욱 높은 동기부여를 얻는다.

게임은 플레이어의 실력과 경험에 맞춰 난이도를 조절해 주는 시스템을 갖추고 있다. 이는 게임을 더욱 도전적이고 재미있는 경험이 되도록 하는 계기를 마련해 준다. 플레이어가 일정 수준의 실력을 갖추면 게임은 더 어려운 상황이나 레벨을 제공하여 지속적인 도전을 유도하며, 반대로 플레이어가 어려움을 겪거나 실력이 부족한 경우에는 난이도를 낮춰 주거나 힌트와 가이드를 제공하여 도움을 주기도 한다. 게임은 플레이어에게 반복적인 도전과 성취를 제공하며, 플레이어가 자신의 실력을 증명하고 성장할 기회를 제공한다. 이러한 요소들이 게임을 재미있게 만들어 준다. 이처럼 게임은 플레이어와 상호작용을 하며, 이를 즐겁게 반복하는 것이다.

제3장

게임처럼 학습하는
배움 경험 디자인

● 학습목표 ··

- 교육 게이미피케이션의 특징을 설명할 수 있다.
- 전통적인 교육 방식에 대한 한계점을 말할 수 있다.
- 학습자 주도형 플립러닝의 등장 배경을 설명할 수 있다.

제2장에서 동기부여를 만드는 게임 디자인 원리에 대해 살펴보았다. 꾸준한 학습이 가능하려면 지속적인 동기부여가 필요하다. 게임은 몰입을 경험하게 하는 기제들로 플레이를 하고 싶다는 강력한 동기를 만들어 낸다. 이렇게 재미있는 게임을 배우는 과정인 학습에 적용해 보면 어떨까? 학생들을 위해 게임을 수업에서 활용하면 어떤 변화가 생길지 잠시 상상해 보자. 선뜻 잘 떠오르지 않는다면 이번 장에서 나누게 될 이야기에 주목해 보자. 이번 장에서는 학습자가 게임처럼 배울 수 있도록 배움 경험(Learning eXperience: LX)을 설계하는 방법과 학습의 의미에 대해 살펴보겠다.

1. 게임처럼 배운다는 것 '교육 게이미피케이션 특징'

게임이 작동하는 방식을 배우고 가르치는 현장에 적용해 보면 어떤 상황이 펼쳐질까? 학습자는 게임을 플레이하는 플레이어가 되고 교수자는 게임을 만들고 적용하는 게임 마스터가 된다. 교육현장에도 게임이 운영되는 방식인 게임 규칙이 있을 것이고 게임처럼 그에 따른 보상이나 피드백이 주어질 것이다. 학습자들 중에 게임의 작동 방식을 좋아하거나 익숙하면 게임처럼 배우는 상황을 좀 더 즐길 수 있을 것이다. 기존 강의식 수업보다 훨씬 역동적인 수업을 좋아하는 학습자들도 있을 것이고, 게임에 매우 능숙한 학습자들은 게임처럼 수업하는 방식이 시시하다고 생각할 수도 있다. 게임 플레이어 유형이 다양하듯이 게임처럼 배우는 상황에 대한 학습자 경험도 다양할 것이다.

게임처럼 가르치고 배우는 것이 말처럼 쉬운 것은 아니지만 이렇게 생각해 보면 어떨까? 교수자 중심의 일방향적인 수업보다 게임처럼 상호작용이 활성화된 환경이 조금이나마 재미있게 느낄 여지가 크다고 생각해 보자. 교육 게이미피케이션은 제2장에서 만난 다양한 게임의 요소와 메커닉스를 교육 방식에 적용하는 것을 뜻한다. 게임의 규칙이나 게임적 장치를 가르치고 배우는 환경에 적용해서 마치 게임을 플레이하는 교육 환경을 만드는 것이다.

이미 우리는 비슷한 사례를 많이 접했다. 알고 보면 자신도 모르게 게임의 요소를 활용한 수업을 하고 있는 경우도 많다. 예를 들어, 규칙에 따라 어떤 긍정적인 행동을 했을 때 학습자들이 칭찬 스티커를 받는다. 몇 개의 칭찬 스티커를 모으면 보상이 주어진다. 개인별, 모둠별, 혹은 반 전체가 칭찬 스티커를 모아서 학급 이벤트라는 보상을 획득할 수도 있다. 이때 학습자들은 게임 규칙을 따르며 칭찬 스티커와 학습 이벤트라는 보상을 얻기 위해 플레이하는 플레이어가 된다. 스티커를 모으는 규칙은 게임 메커닉스 중 '수집'에 해당된다. 게임의 요소 중에서 '수집'을 통해 '성취 경험'이라는 게임 다이내믹스를 경험한 것이다. 이와 같이 게임처럼 배운다는 것은 학습 환경에서 게임의 요소를 통해 게임을 플레이할 때와 유사한 경험을 만드는 것을 의미한다. 학습자 입장에서는 '게임처럼 배우면 얼마나 좋을까!', 교수자 입장에서는 '(학생들이) 게임처럼 배우면 얼마나 좋을까!'라는 생각을 함께해 보고자 한다.

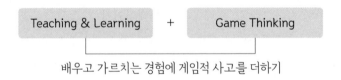

배우고 가르치는 경험에 게임적 사고를 더하기

2. 어떻게 게임처럼 배우게 할 것인가 '교육 게이미피케이션 방법'

게이미피케이션은 교육 분야에서 적극적으로 활용되고 있다. 교육 게이미피케이션이 잘 구현되어 선순환된다면 다음과 같은 긍정효과를 거둘 수 있다.

학습자들은 학습상황에서 자신들이 플레이어가 되어 마치 학습상황 자체를 게임으로 인식하고 게임을 플레이하는 것처럼 느낄 수 있다. 이러한 방식과 환경을 일방향적인 수업보다 훨씬 더 재미있다고 생각하게 된다. 그리고 이러한 학습양식은 점점 더 배우고 싶게 하고 조금 어려운 것도 기꺼이 도전하겠다는 생각을 갖게 한다. 즉, 학습동기가 강화되는 것이다. 기꺼이 배우겠다는 마음은 능동적인 태도이다. 학습자가 배우는 과정에 능동적으로 참여할수록 점점 더 몰입하게 된다. 이 과정에서 학습자들은 스스로의 능력이 점점 더 개발되고 있다는 사실을 깨닫는다. 다시 말해, 자기효능감을 강하게 느낀다. 그뿐만 아니라 점점 잘하고 있는 자신을 발견하면서 자신감도 생기고 스스로 결정하는 능력인 자기결정성도 강화된다. 이러한 심리적인 상태는 '더 배우고 싶다!'라는 마음을 강화하고, 배우고 있는 내용에도 더욱 몰입하는 상황이 된다. 학습동기가 다시 강화되는 것이다. 다수의 학술연구에서도 긍정적인 교육 효과를 보인 관련 사례가 소개되고 있다.

여기서 중요한 것은 교육에 게이미피케이션을 적용했을 때 시기별로 중점을 두는 포인트가 달라져야 한다는 것이다. 게이미피케이션 초기 단계에서 학습자는 단순 흥미나 재미를 강하게 느끼는데, 이때 배우는 내용에 점점 더 몰입하도록 다양한 장치를 만드는 것이 중요하다. 되도록 빠르고 강력한 재미를 느끼게 할수록 게이미피케이션 방식이 성공적일 수 있다. 초기 단계에서의 흥미와 재미는 그리 오래가지 않을 수 있다. 내용에 몰입하는 단계로 넘어가지 않고 단순 흥미에 머물게 된다면 내재적 동기를 강화하는 시간이 오래 걸릴 수 있다. 그리고 지속적으로 배우려는 마음, 도전하는 마음을 약하게 만들 수 있다.

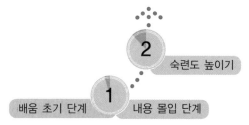

➔ 초기 단계에서 재미와 흥미를 느낄 때 내용에 빠르게 몰입하여 숙련도 높이기

배움 초기 단계의 흥미와 재미

그렇다면 어떻게 해야 배우는 내용에 흥미와 재미를 느끼면서 점점 더 배워 보려는 생각까지 발전시킬 수 있을까? 이 질문에 대해 교수자들은 꼬리에 꼬리를 무는 다양한 질문을 이어 가며 치열하게 고민할 필요가 있다. 이 고민을 함께하는 교수자로서 한 가지 단서를 발견했다. 학습자는 자신이 발전하고 있다는 것을 명시적으로 알게 됐을 때, 몰입감을 느끼면서 더 배워야겠다는 다짐을 하고 도전을 이어 가는 경향이 있다. 마치 게임에서 현재 플레이어의 위치를 알려 주고 다음 단계로 레벨업하기 위해서는 어떤 미션을 수행하고 어떤 아이템이 필요한지 명시적으로 알려 주는 것처럼 말이다. 현실에서는 어떻게 하면 자신이 발전하고 성장한다는 것을 분명하게 알 수 있을까?

다양한 방법이 있겠지만, 여기에서 우리는 어릴 적 한 번쯤은 경험해 본 〈부루마블(Blue Marble)〉 보드게임을 추억 속에서 꺼내 살펴보는 것도 좋겠다. 사실 〈부루마블〉은 여러 이슈가 있는 게임이다. 그럼에도 불구하고 〈부루마블〉을 예로 든 이유는 바로 '초두효과' 때문이다. 1980년대 이전 세대들은 대부분 생애 처음으로 만났던 보드게임이 바로 〈부루마블〉이었다. 모든 보드게임은 〈부루마블〉처럼 널찍한 판에 주사위를 굴려야 한다는 고정관념을 만들어 준 게임이기도 하다. 전 세계적으로 보드게임의 종류와 구성요소, 구조가 매우 다양하지만 〈부루마블〉의 이미지가 곧 보드게임의 이미지로 각인된 것이다.

〈부루마블〉은 주사위라는 운의 요소를 활용하여 '돈'이라는 자원을 관리하는 게임이다. 주사위를 굴려서 특정 도시에 도착하면 자신이 가지고 있는 돈을 해당 도시의 부동산에 투자할 것인지 결정한다. 자원을 소비해 향후 생길지 모르는 소득을 기대하는 것이다. 이후 다른 플레이어가 주사위의 운에 의하여 내가 미리 투자한 나의 부동산에 도착하면 드디어 투자에 대한 보상을 받는다. 내 부동산에 방문한 다른 플레이어에게 사용료를 받는 것이다.

이 게임은 결국 자신이 운이 좋지 않은 상황에서 다른 플레이어의 부동산에 방문했을 때 돈을 지불할 능력이 있는지가 승리의 열쇠이다. 현금도 없고 처분할 부동산도 없을 때, 결국 플레이를 포기하게 된다. 최종적으로 살아남은 플레이어가 승리하는 것이다. 자신의 상황을 객관적으로 보면서 판단하고 결정해서 플레이를 계속 진행할 것인지를 선택한다.

학습자들이 배우는 과정에서 자신의 위치를 객관적으로 보고 판단하여 결정하는 기회가 많이 있는지 생각해 보자. 보통은 크고 작은 시험과 그 성적으로 자신의 현 위치를 판단한다. 하지만 늘 공식적인 시험으로 자신의 배움 정도를 판단한다면 배우는 과정 자체를 즐기도록 만들기는 쉽지 않다. 많은 사람이 시험에 대해 중압감을 느끼기 때문에 학습하는 과정을 즐기기는 어렵다.

그렇다면 학습과정 중에 자신의 현 위치와 도전할 정도가 분명히 드러나면서 작은 성공을 계속해서 이어 가면 어떤 변화가 생길까? 우선 시험에 대한 부담감이나 중압감을 조금은 줄일 수 있다. 학습과정 중에서 이미 자신의 위치를 잘 알고 있기 때문이다. 게임에서도 중간중간에 몬스터와 대결하는 단계가 있다. 이때, 몬스터에게 지면 자신의 능력이 부족한 것이고, 이기면 다음 레벨로 진출한다. 한 레벨씩 도전하고, 그 레벨에서 수행할 미션들이 정해져 있고, 모을 아이템과 받게 될 보상으로 자신이 좋아하는 활동을 하는 게임 상황을 그려 보자. 리더보드 하나만 활용해도 약간의 재미를 느끼면서 도전하려는 마음을 가질 수 있는데, 다양한 게임 요소를 활용하면 배우는 과정을 보다 역동적으로 만들 수 있다.

교수자인 우리들이 무언가를 배웠던 경험을 떠올리면서 학습자의 관점으로 학생들의 배움 과정을 되짚어 볼 필요가 있다. 이 질문을 스스로에게 자주 해 보자.

"어떻게 하면 나의 학생들이 배우는 과정에 재미와 흥미를 느낄 수 있을까?"
"어떻게 하면 나의 학생들이 점점 더 배우고 싶게 만들 수 있을까?"
"어떻게 하면 나의 학생들이 배우는 내용에 점점 더 몰입할 수 있을까?"
"어떻게 하면 나의 학생들이 수업이 자신에게 도움이 된다고 생각할까?"
"어떻게 하면 나의 학생들이 수업을 통해 성장했다고 느끼게 할 수 있을까?"

"어떻게 하면 나의 학생들이 배우는 ○○에 ○○을 할 수 있을까?"라는 질문 틀을 활용해서 다양한 질문을 만들어 보자. 현재 가르치고 있는 방법을 점검하면서 이에 대한 현실적인 실마리를 찾을 수 있다. 이러한 질문을 스스로에게 자주 해 보자. 이 과정에서 즐겁고 의미 있게 배울 수 있는 동력을 발견할 것이다.

3. 게임처럼 가르치고 배우기는 어려운가 '교육 게이미피케이션에 대한 몇 가지 오해'

교육 환경에 게이미피케이션을 적용하는 것은 늘 긍정적인 면만 있지 않다. 지금부터는 게이미피케이션을 적용할 때 어떤 점을 고려해야 할지 생각해 보고자 한다.

- 첫 번째 질문: "교육 게이미피케이션은 상위권 학습자에게만 높은 성과가 나타나는가?"

교육 게이미피케이션은 학습동기부여가 필요한 '중·하위권' 학습자들에게 보다 효과적이라는 다수의 연구가 있다. 상위권 학습자에게는 내용 전달 중심의 강의로도 학습성과가 나오기 때문에 교육 게이미피케이션의 유무와 관계없이 학습성과를 낼 수 있다. 상위권 학습자는 이미 메타인지가 높아서 자신이 아는 내용과 모르는 내용을 구분하고 빠르게 자신의 지식으로 만드는 방식을 알고 있기 때문이다.

우리가 가르치는 학습자 대다수가 학습능력이 좋은 상황이라면 다른 고민을 해야겠지만 대부분은 한 강의실에 '상, 중, 하'의 각기 다른 학습능력을 가진 학습자가 섞여 있다. 물론 그중 대다수는 중위권이나 하위권일 가능성이 높다. 이 중·하위권 학습자들은 지식을 자신의 것으로 만드는 내재화(internalization) 과정과 배운 것을 적용하는 단계로 넘어갈 때, 스스로에게 확신이 없는 경우가 많다. 따라서 학습과정에 재미를 느끼면서 학습 고관여(engagement)를 경험할 수 있는 게이미피케이션 방식이 학습자의 정의적 영역인 흥미, 재미, 자신감, 자기효능감, 자기결정력과 자율성 등에도 긍정적인 영향을 준다는 사례가 다수 보고되고 있다.

● 두 번째 질문: "게임처럼 수업하기? 어렵게 느껴져요!"

게이미피케이션이 거창하고 대단한 것은 아니다. 기존 수업 방식에서 게임 방식으로 대체할 수 있는 것을 찾아보면 오히려 수월하다고 느낄 수 있다. 가르치는 방식에 작은 변화를 주는 것만으로도 학습자의 수업 참여가 조금씩 적극적이고 능동적으로 바뀌는 것을 발견할 수 있다. 물론 이러한 긍정적인 변화는 게이미피케이션이 잘 적용된 상황에서 일어난다. 처음부터 나의 학습자에게 딱 맞는 게임 방식을 찾기는 어렵다. 작은 시도를 하면서 학습자가 어떤 것을 좋아하고 싫어하는지, 적극적으로 참여하거나 그렇지 않게 되는지를 면밀하게 관찰할 필요가 있다.

게임 천재인 학습자를 만족시키기 위해 과도한 게임 규칙을 적용하거나 복잡하고 부담스럽게 게이미피케이션을 적용한다면 교수자와 학습자 모두 피로감을 느껴 힘들어할 수도 있다. 따라서 게이미피케이션 규칙은 최대한 단순하게 적용하는 것이 중요하다. 단순하게 시작하고 학습자의 반응을 보면서 조금씩 난이도를 올리며 게임 플레이어로서 기꺼이 도전할 수 있게 만드는 것도 좋은 전략이다.

● 세 번째 질문: "저는 게임을 좋아하지 않는데 어떻게 게임처럼 수업해야 하나요?"

게임 천재일 가능성이 높은 학습자들에게 수업에서 게임 플레이를 하는 것 같은 환경을 만들어 주려고 하는데, 정작 교수자인 자신은 게임을 싫어하거나 귀찮다고 생각한다면 게임이 주는 유희와 유익을 상상하기가 어려울 것이다. 스스로 경험해 보지 못한 것을 학습자들에게 권하기는 쉽지 않다. 그 부분에서 저자들은 이렇게 권하고 싶다.

"어떤 종류의 게임이든 괜찮습니다. 보드게임, 디지털 게임, 모바일 게임, 컴퓨터 PC 게임 등 모두 좋습니다. 대규모의 사람들이 동시에 참여하는 빅게임(런닝맨 등)이나 VR기기를 쓰고 가상현실에서 플레이하는 게임도 좋습니다. 어떤 게임이든 하나 이상의 플레이 경험을 만들어 보세요. 그 경험을 통해 플레이어인 우리 자신이 어떤 유형의 플레이어인지도 알 수 있고 학습자들의 플레이 유형도 가늠할 수 있습니다. 여기서 놀이와 게임은 다르지만 이 모두를 함께 경험하는 것도 필요합니다. 최대한 게임 플레이의 경험치를 많이 쌓으세요. 그 경험치가 여러분의 수업을 좀 더 역동적으로 만드는 약방의 감초 역할을 할 것입니다."

4. 우리는 그동안 어떻게 가르쳤는가
'교육 패러다임 변화에 따른 전통적 교육 방식의 한계'

인간은 역사적으로 아주 오래전부터 다양한 방식으로 지식과 기술을 가르쳐 왔다. 인간의 본질을 탐구하는 철학과 인문학에서부터 삶을 영위하는 데 필요한 실전 기술교육에 이르기까지 매우 포괄적인 분야를 다루었다. 그리고 교육 방법은 문화, 시대, 기술의 발전 등에 따라 변해 왔다. 그 결과, 지식은 세대를 거듭하며 지속적으로 발전해 왔고 지식의 전달과 학습방법은 학문 분야에서 '교육학'이라는 카테고리로 분류되었다.

교육학은 교육의 목표, 방법, 평가, 학습과정 등을 이해하고 개선하기 위해 다양한 관점과 이론을 탐구하는 학문이다. 그리고 교육학 영역에서도, 특히 '어떻게 가르치고 배우게 할 것인가'에 대해 체계적으로 설계하고 전략을 수립해 나가는 분야를 교육공학(educational technology)이라고 한다. 교육공학은 학습과정을 설계, 실행, 평가하고 최적화하는 데 과학적인 접근 방식을 활용한다. 그리고 행동주의, 인지주의, 구성주의와 같은 다양한 학습이론을 기반으로 교수전략을 개발한다. 이를 통해 교수자는 학습자의 학습스타일, 학습목적, 선호도에 맞는 맞춤형 교수전략을 세울 수 있다.

　이러한 교육공학적 접근은 산업화 이후에 교육의 수월성을 높이기 위한 방안으로 중요하게 대두되었다. 그도 그럴 것이, 한정된 시간과 자원을 가지고 시대가 원하는 인재를 육성하기 위해서는 면밀한 분석에 따른 효과적이고 효율적이며 매력적인 교육 방법을 채택해야 했기 때문이다. 산업화 이후, 정보화 시대를 거쳐 지금의 지능정보화 시대에 들어와서는 그 중요성이 더욱 강조되고 있다. 시대가 변화됨에 따라 인재상도 바뀌고 그에 따른 교육 체계도 변화되어야 하는 것은 자연스러운 현상이다. 그런데 사실 교육 현장에서는 아직도 전통적인 교육 방식을 고수하는 일이 많다.

　'전통적인 교육 방식'이라 함은 대표적으로 강의식 수업이 일반적인 형태인데 지금과 같은 창의인재를 요구하는 시대에서는 강의식 수업만으로는 한계가 있다. 이 대목에서 오해하지 말아야 할 것은 강의식 수업이 무조건적으로 문제가 있다는 식의 일반화는 곤란하다는 것이다. 사실 교육의 효과를 달성하는 데 강의식 교육 역시 장점이 있다. 강의식 수업은 교수자가 주도적으로 학습내용을 전달하는 방식이다. 따라서 구조화된 학습내용을 체계적으로 가르치는 데에는 효과적인 방법론이다. 또한 강의는 주로 해당 분야의 전문가에 의해 진행되어 학습자는 양질의 전문지식을 습득할 수 있다. 하지만 강의식 교육은 학습자 개개인의 학습스타일이나 수준 차이를 고려하기 어렵다는 단점이 있다. 그리고 하향(top-down)식의 지식 전달 방식은 학습자들의 내재된 다양한 역량을 이끌어 내기에는 부족하다. 이러한 맥락에서 우리는 전통적인 교육 방식의 한계를 점검하고 보다 효과적인 교육 방식에 대한 고민이 필요하다.

　21세기의 복잡한 사회 속에서 이 시대가 원하는 창의적 핵심역량 인재를 양성하기 위해서는 전통적인 교육을 보완하는 진화된 교육 체계가 요구된다. 창의성이라는 역량은 누가 가르쳐 줘서 얻는 산물이 아니다. 학습자 스스로 경험하고 성찰한 끝에 새로운 가치를 창출해야 한다. 그러기 위해서는 학습자 스스로가 주도성을 갖고 다양한 학습과정을 경험하고 지식을 재정교화시키면서 자신만의 지식체계를 구성해 나가야 한다. 전통적인 수동학습은 충분한 경험학습을 제공하지 못하기 때문에 능동학습의 교육 방식을 함께 채택해야 한다.

　교수·학습방법론에서 학습자 중심 교육 체계에서의 능동학습(active learning)
은 학습자들이 적극적으로 참여하고 활동하는 학습방법론을 의미한다. 이 방
법은 학습자들이 지식을 활용하고 문제를 해결하는 데에 더욱 직접적으로 참
여함으로써 교육 효과를 극대화하고 지식의 전달을 촉진한다. 교수법 분야에
서의 능동학습은 다음과 같은 특징과 원칙을 가지고 있다.

- 학습자 중심: 능동학습은 학습자의 관점과 요구에 초점을 맞춘다. 학습자
  들은 적극적으로 참여하고 학습과정을 주도함으로써 자기주도적인 학습
  을 경험한다. 교사는 학습자들을 돕고 지도하는 역할을 수행하며, 학습
  자의 호기심과 흥미를 유발하여 자발적인 학습을 유도한다.
- 활동적인 학습: 능동학습은 학습자들이 활동을 통해 지식을 습득하고 적
  용하는 것을 강조한다. 이를 위해 토론, 문제 해결, 실험, 그룹 활동, 프로
  젝트 등의 다양한 활동을 활용한다. 학습자들은 실제 상황에서 문제를 해
  결하거나 실습을 통해 경험을 쌓는 등 실제적인 활동을 통해 학습한다.
- 협력과 토론: 능동학습은 학습자들 간의 협력과 토론을 장려한다. 그룹
  프로젝트, 팀 기반의 활동, 토론과 토의를 통해 학습자들은 서로의 관점
  을 이해하고 지식을 공유하며, 자신의 생각을 발전시키는 능력을 기를
  수 있다.
- 문제 중심 학습: 능동학습은 문제 중심 학습을 강조한다. 학습자들은 실제
  적인 문제를 해결하거나 실생활에서 마주치는 도전에 대응하는 방법을
  배우고 연습한다. 이를 통해 학습자들은 실제 상황에서 지식을 적용하고
  문제 해결 능력을 향상시킨다.

　결과적으로 능동학습은 학습자들이 자발적으로 학습에 참여하고 지식을 구
축하는 능력을 기를 수 있도록 돕는 효과적인 교수법이다. 이를 통해 학습자들
은 더욱 깊은 이해와 응용력을 갖추며, 지식을 지속적으로 발전시킬 수 있다.

그런데 이 부분에서 한 가지 짚고 넘어갈 사항이 있다. 능동학습의 장점에 대해서는 더 이상 거론할 필요가 없지만 실제 교육 현장에서 능동학습을 실천하기는 여간 어려운 일이 아니다. 그 이유는 바로 능동학습 운용 시간이 절대적으로 부족하기 때문이다. 능동학습의 방법론은 일반적으로 토의·토론, 실천학습, 협동·협력학습 등을 말한다. 이러한 교육 활동은 물리적으로 정해진 시간 동안에 운영해야 하므로 사전 기초지식 없이는 교육 목표를 달성하기가 어렵다.

그렇다면 어떤 대안이 필요할까? 예습을 강화해서 수업시간에 기초지식을 모두 활용하게 하는 수업의 체계가 그 대안이 될 수 있다.

이를 좀 더 구체적으로 제시하면, 학습자의 예습을 위해 사전에 교수자가 수업의 자료원을 미리 제공하는 것이다. 사실 예습이 교육에 있어 얼마나 중요한지는 모두가 인지하고 있다. 그런데 왜 우리는 예습을 어려워하고 불편하게 생각할까? 그 이유는 당연히 어렵고 지루하기 때문이다. 그럼 예습을 어떻게 하면 즐겁게 선행할 수 있을까? 그 전략은 가독성 높은 수업 자료원을 제공하는 방안을 모색함으로써 어느 정도 충당할 수 있다.

과거의 수업 자료원은 서책형 교과서가 유일했다. 그런데 2000년대 제3차 산업혁명 시대를 맞아 인터넷이 보편화되고 다양한 자원을 경험할 수 있는 세상이 되면서 많은 사람이 다양한 콘텐츠를 활용할 수 있게 되었다. 이러한 현상에 교수·학습환경도 많이 변화하였다. OER(Open Education Resource)이라는 공개된 수업 자료원을 활용할 수 있는 여건이 마련되어 다양한 강의 콘텐츠를 소비할 수 있게 된 것이다.

더욱이 최근 공교육 현장에서는 전자교과서가 보급되고 일반화되어 학습자들에게 더 이상 강의 콘텐츠는 어색한 수업 자료원이 아니다. 따라서 능동학습을 원활하게 수행하기 위해서는 선수학습, 즉 예습이 필요한데 과거의 단편적인 서책형 교과서에 의존하지 않고, 흥미로우며 접근이 용이한 e러닝 기반의 사전학습 강의 콘텐츠 활용은 매우 효과적이고 효율적인 방안이다. 플립러닝은 블랜디드 러닝의 한 형태로서 '사전학습 → 본차시학습 → 사후학습'의 절차로 나누어진 교수·학습 구조이다. 개념적인 정의는 다음과 같다.

"학습자가 수업 전 자기주도적 학습으로 지식이나 정보를 습득하고, 교실수업에서는 교수자의 코칭 및 동료 교수자들과의 협업체제를 기반으로 문제 해결 학습을 통하여 인성과 창의성을 길러 내는 교수·학습구조이다"(최정빈, 2018).

	강의식 수업구조	플립러닝 수업구조		개발 역량
사전학습 (Pre–Class)		學	자기주도적으로 기초학습을 예습하며 배우기	지식 (Knowledge)
본차시학습 (In–Class)	學	習	문제 해결 능력을 높이고 창의력을 개발하기	기술 (Skill)
사후학습 (Post–Class)	習	學	스스로 학습과정을 성찰하여 메타인지 높이기	태도 (Attitude)

플립러닝의 수업구조

최근 혁신 교육 방식을 거론하는 데 플립러닝 적용에 대한 논의가 활발히 이어지고 있다. 플립러닝 개념 자체가 중요하다기보다 학습자 주도형 능동학습의 효과성을 극대화할 수 있는 방책으로 활용되는 지점을 강조하기 위해서 많은 교육 현장에서 플립러닝을 적용하고 있다. 플립러닝은 여러 측면에서 장점이 많은 교수·학습구조이다. 하나씩 살펴보자.

플립러닝의 장점

① 플립러닝은 강의 중심이 아닌 협력학습으로 주로 진행되기 때문에 교수자와 학습자, 또는 학습자들 간의 소통을 강화할 수 있다.
② 사전학습(Pre-Class)을 미리 제공함으로써 바쁜 학습자들로 하여금 학업관리를 주도적으로 수행할 수 있게 한다.

③ 학습자들의 개별화 맞춤 학습이 가능하여 교육 목표 달성에 도움을 줄 수 있다.

④ 동영상 강의와 다양한 수업 자료원을 제공함으로써 개인별 반복학습이 가능하다.

⑤ 강의 시간 안에 다양한 응용문제를 다루고 해결하는 과정을 통하여 실천학습이 쉬워진다.

⑥ 수업의 주도권이 교수자에서 학습자로 이전되기 때문에 학습 참여가 활발해진다.

⑦ 동기가 낮은 학습자들에게 다양한 학습 참여 기회를 주어 성취 경험을 제공함으로써 자존감 회복에 도움을 줄 수 있다.

⑧ 일반적인 보고 듣는 수업을 넘어서 쓰고 행동하고 질문하는 능동적 학습으로 강의실의 분위기가 바뀐다. 졸거나 다른 방해 행동요소가 최소화된다.

⑨ 개별학습을 기반으로 팀 학습을 통해 문제를 해결하기 때문에 학습자들 간 소통이 원활해지고 인성에도 긍정적인 영향을 미친다.

⑩ 다차원적 수업을 설계하고 운영하는 과정에서 교수역량이 향상된다.

이처럼 플립러닝은 많은 장점이 있지만 단점도 존재한다. 가장 두드러지는 단점은 사전학습을 선행해야 하는 학습의 자발성이 쉽지 않다는 것이다.

플립러닝의 단점

① 학습자들의 예습 습관이 부족하여 사전학습 자체가 큰 부담으로 작용한다. 따라서 학습동기를 충분히 고려해 교수자는 다양한 전략으로 사전학습을 개발해야 한다.

② 사전학습을 수행한 후, 학습 완료를 위한 평가(퀴즈)에 대해 부담감을 호소한다.

③ 자칫 자기주도학습과 협동학습으로 인해 지식의 깊이를 충분히 경험할 수 없어 지식에 대한 심층적 이해가 부족할 수 있다.

④ 사전학습을 수행하는 동안 교수자에게 실시간으로 질문할 수 없어 자기주도학습이 어려울 때가 있다.

⑤ 팀원이 사전학습을 이행하지 않았을 경우, 팀 내 기여도가 낮아져 팀 협력에 부정적 영향을 미칠 수 있다. 또한 다소 수동적이고 소극적 성향인 학습자의 경우 적응하기 어려울 수 있다.

⑥ 협력학습으로 바로 수업이 전개되기 때문에 기초 학습근력(설명하기, 토론기술 등)이 부족하면 모두가 혼란스러운 수업구조가 될 가능성이 있다.

⑦ 사전학습을 원활하게 운영할 수 있는 유연한 학습관리시스템(Learning Management System)이 필요하며 초기 구축비용과 유지비용 등 주기적으로 관리해야 하는 부담이 있다.

⑧ 팀 구성이 가능한 교실 배치(Team Based Learning 또는 Problem Based Learning)가 쉽지 않으면 수업에 불편이 초래된다. 결국 교실 환경과 학습자 인원수 제한이 따른다.

⑨ 교수자의 역할 변화에 따른 심적 부담이 늘어날 수 있다.

⑩ 교수자의 업무가 가중되어 강의준비 자체가 스트레스로 작용할 수 있다.

성공적인 플립러닝을 위한 해법이 있다. 사전학습(Pre-Class)을 완수하는 비율을 높이는 것, 이를 위해서는 동기부여가 매우 중요하다. 강력한 동기를 부여하는 방식, 게임적 접근, 게임 메커닉스를 연상했다면 다음 이야기에 흥미가 생길 것이다. 플립러닝의 단점을 보완할 수 있는 게이미피케이션을 적용한 플립러닝(NABI) 교수·학습모형에 대해 안내하고자 한다.

5. 전통적인 학습방식의 변화를 위한 고민 'NABI 교수·학습모형 탄생 배경'

우리가 그동안 어떻게 가르쳤는지 다양한 교육 방식을 스캔하듯 보았다. 여기서 잠깐 생각해 보자. 그동안의 방식이 과연 내가 가르치는 학생들에게 재미있는 배움 경험을 주었는지, 혹은 의미 있는 배움 경험으로 남았는지에 대해 스스로 질문해 보자. 이 질문에 답할 때 많은 고민이 스쳐 간다. 잠시 멈추고 돌아보고 생각해 보면서 좀 더 역동적으로 학습자의 배움 경험을 디자인하고 싶다는 생각에 흥미로운 시도를 해 보았다. 혁신 교수법이자 능동학습

(active learning)이 가능한 플립러닝에 게이미피케이션을 적용해 보는 것이다.

게이미피케이션을 적용한 플립러닝 교수·학습모형의 이름을 NABI 모형이라고 지었다. N, A, B, I는 각각 모형의 요소와 절차를 함께 표현해 쉽게 기억할 수 있도록 했다. 어떤 의미를 담았는지 공개하기 전에 NABI가 어떤 배경으로 탄생하게 되었는지를 먼저 기술하고자 한다.

플립러닝은 완전학습을 목표로 하며, 그로 인해 긍정적인 교육 효과가 많이 보고되는 학습자 중심의 교수 방법이다. 그러나 아무리 좋은 교육 방식일지라도 학습자들이 사전-사후학습활동을 즐기면서 공부하도록 유도하기란 쉽지 않았다. 사실 학습자의 자발적인 참여는 교수자의 욕심이라는 점이 플립러닝의 아킬레스건이었다. 물리적인 수업 시간이 여의치 않기 때문에 사전학습을 의미 있게 수행해야 본차시학습에서 사전학습의 내용을 점검하면서 협동학습으로 자연스럽게 유도할 수 있는데 말이다. 더불어 교수자 입장에서 플립러닝을 운영하기 위한 부가적인 수업 지원 활동이 어려웠다는 한계도 있었다.

플립러닝이 원활하게 진행되기 위해서는 사전학습-본차시학습-사후학습이 유기적으로 진행되어야 한다. 학습자 입장에서는 예습용이든 복습용이든 과제에 대한 부담이 있다. 능동적이고 적극적인 참여가 보장된다면 학습자들의 역량이 높아질 것은 자명한데 실제로는 그렇지 못한 것이 현실이다. 다시 말해, 학습자가 기꺼이 배우고 적극적으로 참여하는 능동학습을 시도하고 싶은 교수자에게 이 점은 일종의 숙제였다.

게이미피케이션도 숙제가 있었다. 교수자에게 게이미피케이션은 매력적이다. 게임의 요소나 메커닉스를 수업에 적용해서 역동적인 수업을 진행하고 싶기 때문이다. 하지만 선뜻 시도할 엄두를 내기란 쉽지 않다. 특히 게이미피케이션은 교수·학습설계 단계에서 복잡하고 어렵다는 교수자의 심리적 장벽이 있어서 이를 넘기기가 쉽지 않았다. 아울러 교수자의 성향에 따라 게임 분위기를 만드는 것도 큰 부담이었다.

이러한 숙제를 안고 있는 플립러닝과 게이미피케이션 두 개념이 만난 것이다.

　　플립러닝은 게이미피케이션의 장점을 인식하고 '합'을 맞출 지점을 발견했다. 게이미피케이션도 플립러닝의 절차와 수행 요목을 분석하여 게이미케이션 요소를 적용시킬 매력적인 포인트를 찾을 수 있었다.

　　학생들은 모두 이왕 배운다면 재미있게 배우고 싶어 한다. 게임처럼 즐겁게 배우기를 원하는 것이다. 그리고 배운 내용을 오래 기억하면서 배운 효과도 확인하기를 원한다. 더불어 배운 내용을 다른 영역에도 적용하여 활용하고자 한다.

　　한편, 교수자는 자신이 가르치는 학생들이 호기심 가득한 눈으로 흥미롭게 수업 시간에 몰입하기를 바란다. 그렇기 때문에 끊임없이 학생들을 잠들지 않게 하는 방법, 수업시간에 하는 활동에 학생들이 적극적으로 참여하게 하는 방법, 심지어 학생들이 그 활동을 즐기면서 재미있게 배우는 방법을 찾고 싶어 한다.

　　이러한 배경으로, 저자들은 게임처럼 배우는 미션에 대해 골몰하게 되었다. 플립러닝과 게이미피케이션이 만났을 때 어떤 효과를 만드는지 선행된 연구들도 살펴보았다. 많지는 않지만 다양한 교과목에서 활용 사례를 찾을 수 있었다. 플립러닝과 게이미피케이션의 합을 맞춘 사례를 보니 각 연구에서 개발한 교수·학습모형을 다양한 교과목에는 적용하기가 어려울 것 같은 지점을 다수 발견했다. 어느 교과목이든 플립러닝을 시도할 수 있고, 게이미피케이션을 적용할 수 있어야 교수자 입장에서 큰 부담 없이 활용할 수 있기 때문이다.

　　그래서 두루 활용할 수 있는 '게이미피케이션을 적용한 플립러닝 교수·학습모형'을 개발하기로 했다. 교수·학습모형으로 인정받기 위해서는 모형의 타당도 등을 검증받아 유효한 모형인지 확인하는 절차를 거쳐야 한다. 그리고 교육 현장에서 실제로 적용했을 때의 교수자와 학습자의 반응과 피드백도 확인되어야 한다. 지금부터 소개할 NABI 모형은 이러한 절차를 거쳐 유효성을 검증받은 것이다(Choi & Choi, 2021).

NABI 교수·학습모형 검증절차

플립러닝(Flipped Learning) 기반 게이미피케이션을 적용한 플립러닝 교수·학습 모형의 타당성을 검증하기 위하여 전문가 집단으로부터 내용 타당도(content validity) 및 안면 타당도(face validity)를 검증받았다. 타당도 검사 기준은 수업 설계 모형으로 '타당성' '활용성' '유용성', 설명에 대한 '이해도' '가치도'의 내용으로 구성하였으며 각각 5점 리커트 척도로 점수화하였다. 평점 결과를 보면 각 평가 항목에 대한 타당도의 평균값이 4.2~4.6의 범위 내에 있는 것으로 나타나, 모형의 전반적인 요소에 대해 모두 타당하게 인식하는 것으로 나타났다.

지금부터 '게이미피케이션을 적용한 플립러닝 교수·학습설계 모형인 NABI 모형'이 어떻게 개발되었는지 설명하고자 한다. NABI 교수·학습모형은 다음과 같은 선행 연구에서 보여 준 다양한 측면을 고려하여 개발되었다.

첫째, 게이미피케이션을 적용한 플립러닝이 학습자 성취감과 고관여에 긍정적인 영향을 주었다고 밝힌 연구이다(Gündüz & Akkoyunlu, 2019). 포인트, 레벨, 배지, 성취, 수집, 주차별 리더보드, 전체 리더보드, 팀메이트, 통계 그래프를 게이미피케이션 요소로 사용했다. 이 중 통계 그래프는 기존의 게이미피케이션 요소에는 해당되지 않으나 이 연구에서는 게이미피케이션 요소로 설정하였다. 사전·사후 수업에서 교수자는 학생들에게 무들(Moodle) LMS 시스템을 통해 질문과 대답을 남기게 했다. 그리고 본차시수업에서는 게이미피케이션을 적용한 퀴즈와 시험을 진행하였다. 이런 방식으로 학생들은 학업 성취도와 학습불안감, 학습동기와 자율성에 긍정적인 효과를 보였다고 밝혔다.

둘째, 게이미피케이션을 적용한 플립러닝 수업과 이를 적용하지 않은 플립러닝 수업을 비교했을 때 어떤 점이 다른지를 알아본 연구이다(Segura-Robles et al., 2020). 이 연구에서는 게이미피케이션을 적용한 플립러닝 수업이 학습자에게 학습자율성을 비롯해 만족감과 즐거움, 외재적·내재적 동기, 학습성취도, 다른 참여자와의 관계 등을 다각도로 촉진했다고 강조하였다.

셋째, 비전통적인 교수법과 전통적인 교수법을 비교했을 때 어떤 차별점이 있었는지 알아보는 연구도 있었다(Safaour et al., 2019). 비전통적 교수법에 해당하는 플립러닝을 대상으로 학습자의 기술이나 능력에 어떤 긍정적인 영향을 주는지 확인해 보았다. 게이미피케이션, 사례연구, 자기주도학습, 소셜 미디어에 대해 분석한 결과, 플립러닝이 대인관계와 문제 해결, 의사소통 능력 및 참여 능력을 향상시킬 수 있다는 장점을 확인하였다. 특히 게이미피케이션의 장점은 원하는 기술을 습득할 수 있고 팀워크 능력과 사회성, 명확하고 효과적으로 말하는 능력을 비롯해 분석적이며 비판적 사고력과 문제 해결 능력, 창의성과 학습효율성, 시각화 기술, 인지능력, 자신감과 실제 상황에 대한 상상력까지 향상할 수 있다고 밝혔다. 이 연구는 게이미피케이션을 적용한 플립러닝이 학습자에게 다양한 방면으로 긍정적인 영향을 준다는 것을 시사했다.

넷째, 2016년부터 2020년까지 출판된 57편의 '교육 분야에 적용된 게이미피케이션 연구'를 MDA 프레임워크를 기반으로 메타분석을 한 연구이다(Manzano-Leon et al., 2021). MDA 프레임워크란, 게임을 개발할 때 게임 디자이너 입장에서 게임의 규칙에 해당하는 메커닉스(mechanics), 플레이어가 게임 규칙을 따르는 특정 행동을 의미하는 다이내믹(dynamic), 플레이어가 느끼는 재미인 심미성(aesthetics)의 순서로 개발한다는 것이다. 다시 말해, 게임 규칙을 정하고 규칙을 따르는 행동을 설정하면 그 과정에서 플레이어는 게임의 재미를 느낀다는 것이다. 거꾸로 게임 플레이어들은 게임을 플레이하면서 재미를 느끼는데, 이는 게임 규칙을 따르기 위한 특정 행동(다이내믹)을 통해 게임 규칙을 지키거나 어기면서 발생되는 것으로 이해할 수 있는 게임 설계 방법이다. 이 연구에서 MDA 프레임워크에 따라 교육 게이미피케이션을 분석한 결과, 게임 규칙에 해당하는 메커닉스는 포인트, 배지, 보상, 랭킹, 레벨, 상금, 업적 순으로 사용되었다고 밝혔다. 게임 시스템에 해당하는 다이내믹(역학)은 도전, 놀이 활동, 과제, 이벤트, 역할, 피드백, 선택, 경쟁 순으로 사용되었고, 게임 플레이어가 느끼는 게임의 재미, '심미성'은 '내러티브'만 사용됐다고 확인하였다. 이 연구의 결과를 바탕으로 NABI 교육 게이미피케이션 플립러닝 교수·학습모형을 개발할 때 어떤 게이미피케이션 요소를 사용하는 것이 유리할 것인지를 보여 준 연구였다.

다섯째, 게이미피케이션 플립러닝 설계 모형을 학습자의 요구에 적용해야 하기 때문에 교육 현장에서 교수·학습을 설계할 때 애자일(agile) 방법론이 긍정적인 영향을 미친다고 강조한 연구이다(Hammami & Khemaka, 2019). 애자일 방법론은 소프트웨어를 개발하거나 게임을 개발할 때 주로 사용하는 방법론이다. 'agile'은 '민첩한, 재빠른'이라는 뜻처럼 처음부터 완성도 높은 소프트웨어나 게임을 개발하는 것이 아니라 작은 범위를 개발하고 지속적으로 업데이트를 거치면서 완성도를 높여 가는 방식을 말한다. 이는 사용자의 반응과 요구에 민첩하고 빠르게 수정·보완할 수 있도록 작은 단위를 개발하고, 플레이어의 실행을 보면서 계속해서 수정·보완을 이어 가는 방식을 말한다. 이 애자일 방식은 끊임없이 변화하고 발전하는 방식을 의미한다. 이 연구에서 교수자가 플립러닝에 대한 이해가 있어도 게이미피케이션을 적용해서 교수·학습 설계를 할 때, 어떤 절차를 거쳐야 하고 어떤 게이미피케이션 요소를 적용해야 하는지가 모호하다고 지적했다. 따라서 NABI 교수·학습모형에서는 이러한 모호함을 최소화하고자 주의를 기울였다. 아울러 이 모호함을 최소화하기 위해 게임을 개발할 때 사용하는 애자일 방식을 기반으로 게이미피케이션을 적용한 플립러닝 수업이 가능하도록 개발하였다. 처음부터 학습자의 성향이나 요구(needs), 게이미피케이션을 해야 할 범위나 내용 등을 모두 예상하면서 설계하고 진행하기란 쉽지 않기 때문이다.

여섯째, 게이미피케이션을 적용한 플립러닝 교수·학습모형을 개발하여 적용한 연구를 소개한다(Huang & Hew, 2018). GAFCC 게이미피케이션 플립러닝 설계는 '목표(Goal)-접근성(Access)-피드백(Feedback)-도전(Challenge)-협력(Collaboration)'을 의미하는데, 이를 기반으로 플립러닝에 게이미피케이션을 적용한 모형이다. 이는 학습동기에 대한 필요성(motivation needs)에 초점을 맞춘 모형으로 SPSS 통계 프로그램을 배우는 대학원생들이 이를 배우는 동기(motivation)가 약화되면서 과업을 완수하지 못했던 것에 착안하여 기존 플립러닝 통계 수업에 게이미피케이션을 적용한 사례이다. 게이미피케이션을 적용한 결과, 학생들의 과업을 완수하는 정도와 질적인 완성도 모두 훨씬 좋아졌다고 밝혔다.

이처럼 여러 선행 논문에서 거론된 유의미한 결과를 바탕으로 학습동기는 강화하고 교수자의 편의성과 학습자의 자기주도학습 등을 고려하여 게이미피케이션을 적용한 플립러닝 교수·학습모형인 NABI 모형을 개발하게 되었다(Choi & Choi, 2021).

제4장

게임처럼 가르치고 배우기

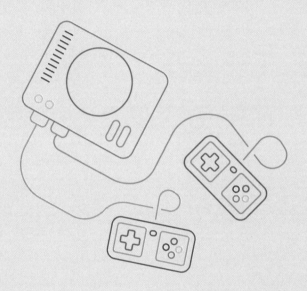

🍴 학습목표 ···

- 게이미피케이션을 적용한 플립러닝 구조의 'NABI' 교수·학습모형 요소와 절차를 설명할 수 있다.
- NABI 모형에 기반한 교수자 및 학습자의 게이미피케이션 전략을 수립할 수 있다.
- 게임처럼 배울 수 있는 배움 경험 설계 방법을 기획할 수 있다.

1. 게이미피케이션을 적용한 플립러닝 'NABI 교수·학습 모형'

NABI 모형은 게이미피케이션을 적용한 플립러닝 교수·학습의 절차와 요소를 모두 포함한 수업 모형이다. NABI 교수·학습모형은 'Navigate-Aim-Build-Implement'의 영문 앞 글자를 따서 'NABI'로 명명하였다. 그렇다면 게이미피케이션을 적용한 플립러닝 교수·학습모형이 왜 NABI인지, N, A, B, I가 각각 정확히 무슨 의미인지 자세히 알아보겠다.

1) NABI 교수·학습모형의 절차

우선 NABI형, 교수·학습절차에 대한 이해를 시작으로 전반적인 교수·학습모형 체계를 소개하겠다. 일반적으로 플립러닝 수업은 '사전학습(Pre-Class)-본차시학습(In-Class)-사후학습(Post-Class)'의 순서로 진행된다. 본차시학습에서 진행되는 협력학습을 위해 사전학습은 반드시 필요하다. 학습자는 본차시학습을 위해 사전학습에서 진행되는 예습을 수행해야 한다. 그 이유는 사전학습 활동을 토대로 본차시학습에서는 동료학습자들과 협업을 통해 문제 해결 학습을 진행해야 하기 때문이다. 그리고 본차시학습을 마친 후에 사후학습에서는 사전학습과 본차시학습에서의 내용을 돌아보는 '학습성찰'로 마무리된다.

그런데 플립러닝 수업에서 게이미피케이션을 적용할 때에는, 게임과 같은 학습환경을 만들기 위해 게임 규칙을 설명하거나 게임 수행에 필요한 과정을 미리 시범 삼아 해 보는 시뮬레이션이 필요하다. 따라서 플립러닝 수업에서 게이미피케이션을 적용할 때에는 가장 먼저 본차시학습에서 게임 관련 시뮬레이션이나 규칙을 설명하며 시작하고, 이후 가정에서 사전학습을 한 후 본차시학습에 참여시킨다. 그리고 본차시학습 이후 가정에서 다시 사후학습을 하면서 학습성찰로 학습을 마무리한다. 즉, 게이미피케이션을 적용한 플립러닝은 'In-Class → Pre-Class → In-Class → Post-Class(IPIP)'의 순서로 진행된다.

여기서 사전학습과 사후학습에 대해 고려할 사항이 있다. 교수자가 가정에서 학습할 과제학습을 설계할 때, 배울 내용에 대한 사전학습용 작업(Pre-Task)을 위한 것인지 아니면 본차시학습 후에 사후학습을 위한 'Post-Task' 작업인지 구분할 필요가 있다. 학습자 입장에서는 가정에서 두 가지 모두 수행하는 것이기 때문에 과제의 내용과 가짓수가 달라진다. 하지만 교수자는 목적에 맞는 사전-사후학습의 과제를 설정해야 한다. 따라서 교수자 입장에서 과제학습설계의 편의상 사전학습과 사후학습으로 구분해야 한다.

2) NABI 교수·학습모형의 요소

앞서 제2장에서 언급한 것처럼 게임의 요소는 종류가 많다. 그런데 게이미피케이션 요소를 많이 적용한다고 더 확실한 학습효과를 보장하지는 않는다. 특히 교육 환경에서 적용하는 게이미피케이션 요소가 복잡할수록 교수자가 운영할 때도 어렵고 학습자에게도 혼란과 피로감을 줄 수 있다. 따라서 게임의 코어메커닉과 선행연구에서 언급한 게이미피케이션 요소 그리고 실제 게이미피케이션 수업에서 적용한 효과적인 게이미피케이션 요소 네 가지를 추출하여 NABI 교수·학습모형을 개발하였다.

제2장에서 우리는 게임이 게임다울 수 있는 이유인 '코어메커닉'과 이를 풍성하게 만드는 게임의 구성요소 및 게임 다이내믹스를 살펴보았다. 이 책을 읽으면서 게임을 플레이했던 몇 조각의 기억을 소환했을 것이다. '아하! 그랬었지! 내가 그래서 그 재미에 빠졌었구나!'와 같은 '아하! 모먼트(Aha! moment)'를 가졌는가? 혹은 '와우! 게임 안에 이런 원리들이 숨어 있었을 줄이야! 아주 새롭고 재밌는데!'와 같은 '와우! 모먼트(Wow! moment)'를 만났는지도 묻고 싶다. '아하!' '와우!' 모두 좋다. 이 감탄사는 수업 현장에서 게이미피

케이션을 적용했을 때에도 만날 것이다.

　게임의 코어메커닉과 구성요소, 다이내믹스는 교육 게이미피케이션에도 그대로 적용된다. 하지만 너무 많고 복잡할 수 있다. 그리고 그동안 교육 현장에서 활용한 게이미피케이션 수업에서 적용된 구성요소와 다이내믹스도 살펴보니 이 역시 교과에 따라 다양하게 사용된 것을 확인하였다. 너무 복잡하거나 다양하면 교수자가 수업을 설계할 때 계속 고민에 빠지게 된다. 적은 요소를 적용하자니 무언가 빈약한 것 같고, 많은 요소를 녹이자니 게이미피케이션 수업을 운영하는 교수자와 많은 규칙을 지켜야 할 학습자 모두 피로감을 느낄 것으로 예상된다. 그래서 공통분모를 찾을 필요가 있다. 교육에 적용할 때 공통적으로 사용되는 코어메커닉은 무엇일까? 이 질문에 대한 답으로, 교육 게이미피케이션을 위한 교수·학습모형의 핵심요소를 4가지로 제시하겠다.

　게이미피케이션을 적용한 플립러닝 교수·학습은 '방향 찾기(Navigate)-목표 정하기(Aim)-만들기(Build)-실행하기(Implement)'의 요소로 구성된다.

게이미피케이션을 적용한 플립러닝 교수·학습모형 요소

(1) 방향 찾기(Navigate): 게이미피케이션이 필요한 방향 찾기

　본차시학습(In-Class)에서는 교수자가 학습자의 학습을 평가하거나 관찰하고 인터뷰하는 방식으로 학습자의 현 상황을 진단한다. 특히 학습자의 학습에서 어떤 부분에 변화가 필요한지, 교수사태에 대한 점검과 스캐폴딩(Scaffolding) 및 피드백 전반을 점검한다. 이 단계는 마치 게이미피케이션이 필요한 길을 찾는 과정으로, 우리가 운전할 때 켜는 내비게이션과 같이 길을 탐색한다는 의미인 '방향 찾기(Navigate)'로 표현하였다.

(2) 목표 정하기(Aim): 맞춤형 학습을 위한 게이미피케이션 목표 정하기

본차시학습(In-Class)에서 교수자는 게이미피케이션을 적용할 플립러닝에서 학습자 맞춤형 학습(adaptive learning)을 위한 목표를 정한다(Aim). 맞춤형 학습이란 학습자의 수준과 발달의 속도에 맞춰서 학습내용이나 활동을 설정하고 적용하는 방식을 말한다. 목표를 설정할 때 너무 넓은 범위를 목표로 하기보다 가장 작은 범위를 목표로 한 후 게임 규칙이나 게임을 개발하고 실행하는 단계를 거치면서 학습자의 반응과 피드백을 관찰하여 다시 조금 더 넓은 범위의 게이미피케이션 목표를 설정하는 것이 중요하다. 이 방식은 애자일 기법을 의미하는 것인데, 가장 작은 범위의 게이미피케이션 수업이 학습자의 긍정적인 반응을 이끌어 냈다면 교수자 입장에서도 자신감이 생겨 게이미피케이션 수업을 더욱 적극적으로 진행하게 될 원동력이 된다.

(3) 만들기(Build): 학습경험 설계하기

본차시학습(In-Class)에서 교수자는 학습내용을 고려하면서 학습자들이 본차시학습(In-Class)-사전학습(Pre-Class)-본차시학습(In-Class)-사후학습(Post-Class)의 절차에서 경험할 학습경험을 설계하고 게임 규칙을 만든다. 특히 사후학습(Post-Class)에서는 학생들의 학습력을 향상시킬 수 있는 게임이나 게임 방식을 제공한다(Building up learning power).

학습자에게 즐겁고 의미 있는 배움 경험(LX)을 제공하기 위해 게임을 만들거나 게이미피케이션을 설계한다(Build). 게이미피케이션 전략 중에서 경쟁, 보상, 도전, 스캐폴딩 피드백 중 하나 혹은 그 이상을 활용해서 게임의 요소와 메커닉스, 스토리 요소 등을 고려하여 게임 규칙을 만든다.

이 과정에서 한 가지 염두에 두어야 할 것이 있다. 배움을 위해서 학생들이 수업에 적극적으로 참여하여 자신들만의 학습 여정 속에서 스스로 학습성과를 도출해야 한다. 그러기 위해서는 능동학습의 방법론을 본차시학습에서 적극적으로 적용해야 한다. 세상에는 수많은 교수법이 존재한다. 단순히 교수법을 많이 활용하는 것이 중요한 것은 아니다. 자신의 교과에 최적화된 교수법을 적용하는 것이 바람직하다. 배움을 위한 다양한 능동학습(active learning) 방법론을 관심 있게 살펴보고 수업 목적에 따라 적절하게 적용할 필요가 있다.

🔲 **표 4-1** 능동학습 방법론 예시

협력학습 방법			세부 내용
기초 학습근력을 위한 협력학습	토의	아이디어 도출	육색생각모자, 버즈, 만다라트, 모둠문장 만들기, 스캠퍼 등
		발표력 및 학습	회전목마, 라운드로빈, 모둠인터뷰, 가지수직선, 패널 등
		쟁점 분석	찬반 대립토론, 가치명료화, 법리모형, 가치분석 등
		의사결정	하브루타, PMI, 피라미드, PCA 등
완전학습을 위한 협력학습	• STAD(Student Teams-Achievement Divisions) • TGT(Team Game Tournaments) • TAI(Teams Assisted Individualization)		
과제세분화 학습을 위한 협력학습	• JIGSAW • 집단조사 학습 • 어깨동무 학습 • Co-op Co-op 자율적 협동학습		
현장 문제 해결을 위한 협력학습	• PBL(Project or Problem Based Learning) • Action Learning • GBS(Goal Based Scenarios) • RP(Role-Playing)		

출처: 최정빈(2018).

(4) 실행하기(Implement): 다양한 게이미피케이션 수행하기

① 게임처럼 수업 실행하기

본차시수업(In-Class)에서 교수자는 교수자와 학습자 간, 학습자와 학습자

간, 다양한 참여학습을 진행한다. 그 과정에서 다양한 게임요소를 접목함으로써 활기찬 수업이 운영된다. 이때 본차시수업에서 다양한 방식의 게임을 진행한다는 의미로 '멀티게임(Multi-game)'이라는 표현을 쓰겠다. 멀티게임에서는 학습자의 반응과 피드백을 받는 등 게이미피케이션 실행과 관련한 다양한 정보를 수집한다. 게임을 실행하거나 게이미피케이션 전략을 적용하면서 수정·보완할 부분이 있는지도 함께 확인한다. 다시 말해, 본차시수업에서 실행하기(Implement)와 방향 찾기(Navigate)가 동시에 진행되는 것이다.

② 실행하면서 방향 찾기

N-A-B-I의 순서로 진행할 때, 이 실행하기 단계에서는 게임 방식으로 수업의 내용이 학습자에게 의미 있게 전달되고 있는지, 학습 내면화(internalization)에 얼마나 기여하고 있는지, 학습자의 표정이나 자신도 모르게 내뱉는 감탄사는 무엇인지 등을 살피면서 수업을 진행한다. 특히 학습자의 반응이나 학습내용 및 활동이 목표(Aim)에 부합한지, 게이미피케이션을 적용한 범위나 재미 요소, 게이미피케이션 요소 등이 수업 상황에서 잘 구현되고 있는지를 확인하는 것이 중요하다. 이 실행하기 과정은 자연스럽게 NABI 모형에서 1단계인 방향 찾기에 해당되어 실행하면서 점검할 수 있는 방향 찾기를 동시에 진행한다.

게이미피케이션을 접목한 플립러닝의 네 가지 절차 요소는 앞서 설명한 대로 '방향 찾기(Navigate)-목표 정하기(Aim)-만들기(Build)-실행하기(Implement)'의 글자 조합으로 NABI로 명칭하였고, 교수·학습모형의 형태도 실제 나비 형상으로 표현하였다. 또한 애자일 방식으로 '방향 찾기-목표 정하기-만들기-실행하기'가 지속적으로 순환한다는 의미를 담아 무한히 순환 반복하는 '뫼비우스의 띠' 이미지로도 표현된다.

이때 학생들이 게임 방식을 즐기면서 신나게 '와!' '와우!'를 외치거나 이 과정 중에 알게 되는 학습내용으로 깨달음의 '아하!'를 외치는 것을 교수자가 듣게 된다면 보람을 느끼면서 뿌듯함과 기쁨의 미소를 짓게 될 것이다. 자신의

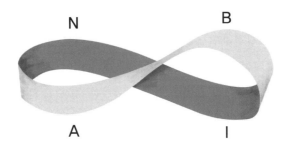

NABI의 무한 순환 반복 이미지의 뫼비우스의 띠

표정도 의식적으로 살펴보자. 뭔가 예상한 대로 게이미피케이션 수업이 진행되지 않는다고 느낀다면 교수자인 우리의 표정도 약간은 당황한, 하지만 티를 낼 수 없는 모호한 표정을 짓게 될 것이다. 표정이 많은 것을 알려 주는 단서가 된다는 것을 기억하자.

학생들이 진정으로 몰입하고 있을 때 자신도 모르게 꺼내는 감탄사, 즉 '와우!' '아하!'의 순간을 많이 만드는 것, 그런 환경을 제공하는 것 모두가 이 실행하기와 탐색하기 단계를 동시에 진행하면서 확인할 수 있는 것이다. 그리고 이 과정은 학생들이 진정 원하는 것이 무엇인지를 면밀하게 관찰하는 학습자 중심 수업으로 이끄는 열정적인 교수자의 모습이기도 하다. 그런 자신을 매 차시 수업에서 발견해 보자. 가슴 뛰는 열정을 확인할 수 있을 것이다.

③ 애자일 방식으로 게이미피케이션 수업 업그레이드하기

2차 방향 찾기 단계를 이제 막 마무리했다면 잠시 멈춰서 그날의 수업을 간단한 기록으로 남겨 보자.

접착 용지에 간단히 키워드를 메모해 두어도 좋고, 노트 한 권을 만들어서 혹은 웹/앱의 메모장에 수업 직후 그날의 강의에 대한 간단한 기록을 남겨 두자. 이 귀한 메모는 게이미피케이션 수업을 더욱 효과적이고 강력하게 만드는 엄청난 동력이 될 것이다. 특히 이 메모에는 날짜, 시간, 어떤 과목, 어떤 학생들을 대상으로 한 게이미피케이션 수업이었는지, 그 수업에서 좋았던 점(+),

아쉬웠던 점(-), 보완할 점(&)을 간단한 기록으로 남길 필요가 있다. 매 차시 누적되는 기록을 점검하면서 게이미피케이션 범위도 조금씩 넓히고 새로운 영역에 게이미피케이션을 적용해 보는 등의 새로운 시도를 거듭해 보자. 우선 한 학기의 게이미피케이션 수업을 잘 마무리하는 것을 목표로 해 보자. 두 번째 학기는 좀 더 자신 있게 게이미피케이션 수업을 진행하는 자신을 발견하면서 상당한 경험치를 쌓은 능력자의 면모를 확인할 수 있을 것이다.

이 메모를 바탕으로 2차 목표인 게이미피케이션 목표를 재설정한다. 이 목표에 따라 만들기/설계하기를 거쳐 실행하기를 한다. 다시 말해, 수정이 필요한 부분을 찾아서 반영하여 게임 혹은 게임 방식을 업그레이드한다. 게이미피케이션 플립러닝을 실행하는 본차시수업에서 학습자의 반응과 피드백을 매의 눈으로 확인한다.

작은 범위로 설계하고 실행한 후에 수정을 거쳐 다시 실행을 거듭하는 순환 개발 방식은 게임을 개발할 때 많이 사용되는 애자일(agile) 방식이다. 이러한 애자일 방식은 교수자 입장에서는 게이미피케이션 수업이나 게임 개발에 대한 부담을 덜 수 있다. 교수자 입장에서 처음부터 완성된 게이미피케이션 수업을 할 수 없다. 대부분의 경우 학습자의 성향이나 특성 등을 첫 수업부터 파악하기란 쉽지 않기 때문이다.

뿐만 아니라 학습자 입장에서도 점점 더 업그레이드된 게임 혹은 게임 방식을 경험하는 것이기 때문에 자신이 실제 게임 캐릭터가 되어 플레이를 하고 있다고 느끼게 한다. 이러한 느낌은 학습자들에게 더 큰 재미를 줄 수 있다는 점을 기억하자. 게이미피케이션을 적용한 수업에서 교수자가 큰 부담을 느끼지 않고 편안하게 즐기면서 수업을 운영하는 것이 무엇보다 중요하다. 이 방식이라면 교육 게이미피케이션 초심자인 교수자들도 큰 부담 없이 수업을 진행할 수 있다.

우리가 기억해야 할 것은 가장 작은 범위에 게이미피케이션을 적용하고 수업하면서 학습자의 반응이나 피드백을 기반으로 학습자의 요구나 필요에 맞게 수정하는 반복 과정이 필요하다는 것이다. 이 과정은 학습효과를 높일 수 있을 뿐만 아니라 학습내용이 기억에 남고 더 배워 보고 싶다는 동기를 강화시키면서 지속적으로 배우고 싶게 만든다. 다시 말해, 게이미피케이션 과정을 통해 배운 것을 인지하고 이를 다른 영역에 적용할 수 있는 메타인지력도 강화할 계기를 만들어 준다.

작은 범위부터 시작하여 몇 번의 N-A-B-I 과정을 거치면서 현재 자신이 가르치는 학습자에게 최적화된 게이미피케이션 수업으로 발전하는 과정을 경험해 보자. 애자일 방식의 N-A-B-I 순환 절차는 교수자 입장에서 심적 부담감을 최소화할 수 있다. 더불어 학습자의 학습에 실질적으로 도움이 되는 게임을 제공할 수 있다는 점에서 학습자에게 즐겁고 의미 있는 배움 경험을 선사할 수 있다.

3) NABI 교수 · 학습모형에서의 게이미피케이션 요소

본차시학습에서 게임의 규칙을 설명하거나 시뮬레이션을 한 후에 가정에서 사전학습을 하고, 본차시학습에서 사전학습내용을 토대로 협동학습을 한 후에 가정에서 사후학습을 진행하는 과정 전체 혹은 이 과정 중 일부의 과정에 게이미피케이션 요소나 게임 메커닉스를 적용할 수 있다.

여러 가지 게임의 요소가 있지만 그중 한두 가지만 적용해도 게임처럼 배운다고 학습자들이 느낄 수 있고 인정할 수 있는 것은 무엇일까? 이 질문에 대한 대답으로 네 가지의 교육 게이미피케이션 요소를 추출하였다.

경쟁(competition) / 보상(reward) / 도전(challenge) /
스캐폴딩 피드백(scaffolding feedback)

이 네 가지 요소 중 하나 이상의 게이미피케이션 요소를 플립러닝의 전 과정 혹은 일부 과정에 적용하면 게이미피케이션 수업을 구현할 수 있다. 또한 학습자 입장에서 이 중 한 가지만 적용해도 게임을 플레이하는 것과 같은 수업이라

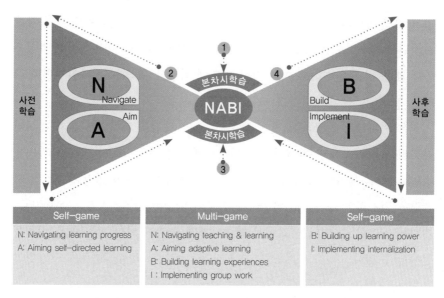

게이미피케이션 요소: 도전, 스캐폴딩 피드백, 경쟁, 보상

고 느낄 수 있다. 이 요소는 플립러닝뿐만 아니라 복습용 혹은 예습용 과제가 있는 수업에는 모두 적용할 수 있다. 다시 말해, 대부분의 수업에서 활용할 수 있는 게이미피케이션 요소이다. 우선은 플립러닝에 맞춰 설명하고자 한다.

게임 환경을 조성할 수 있는 '경쟁(competition)'과 게임 플레이에 재미를 더하고 탄력적으로 동기를 부여할 수 있는 '보상(reward)', 학습목표를 달성하기 위한 '도전(challenge)'과 성공적으로 도전하도록 도움을 주고받는 '스캐폴딩 피드백(scaffolding feedback)', 이렇게 네 가지 게이미피케이션 요소를 플립러닝에 적용하기에 적합한 요소로 선정하였다. 각각의 요소를 살펴보자.

(1) 경쟁

교실에서는 '1 : 다수', 혹은 '다수 : 다수'로 경쟁(competition)하는 멀티게임 방식으로 게임을 설계한다. 예를 들어, '1 : 다수'의 게임은 교수자와 학습자들 간의 대결 구도로 진행하면 학습자 개개인의 실력차에 대한 부담을 줄일 수 있다. 또한 학습자들이 교수자와의 대결에서 승리하고 싶은 심리를 활용해 더욱 실감 나는 게임 플레이 분위기를 조성할 수 있다.

또한 가정에서 사전/사후학습을 진행할 때 자신의 과거와 현재가 대결하는 구도로 셀프게임(self-game) 방식의 게임을 진행하게 한다. 이러한 방식은 매일 일정량의 누적된 지루한 과업을 수행할 때 건강한 긴장감을 줄 수 있다. 자신의 과거를 현재의 자신이 이기기 위해 좀 더 집중하여 학습하거나 자신의 부족한 부분을 능동적으로 메울 수 있는 방식으로 학습을 유도할 수 있다.

(2) 보상

보상(reward)은 포인트, 배지, 가상화폐 등으로 다양하게 제공할 수 있다. 보상을 지급하는 시기와 비율도 학습자의 의견을 반영하여 조절할 수 있다.

제2장에서 언급한 내재적 동기와 외재적 동기를 다시 상기해 보자. 게이미피케이션 수업 초기에는 외재적 동기를 강화할 필요가 있다. 모든 학습자가 능동적이고 열정적인 것은 아니기 때문이다. 하지만 점차 외재적 동기보다 내재적 동기를 강화하는 방향으로 진행하면 학습자들은 자신의 성장과 발전을 느끼면서 성장을 위한 학습으로 초점을 맞춰 변화할 것이다.

이 '보상'이라는 게이미피케이션 전략은 강약을 조절하는 것, 내재적 동기와 외재적 동기 중 어느 쪽의 비율을 더 크게 할지 등으로 적절하게 시기와 학습자 반응을 살펴서 사용해야 한다. 어느 정도가 적절한 것인지는 가르치는 교수자의 관찰과 학습자의 반응, 피드백 등을 종합하여 판단한다. 한 학기, 두 학기 등 게이미피케이션 수업의 경험치가 쌓이면서 자신이 가르치는 학습자에게 적합한 이상적인 보상의 비율, 보상 기간, 보상의 방식과 절차 등을 결정할 수 있는 능력이 교수자에게 생긴다. 교수자가 게이미피케이션 능력자가 되는 순간을 맞이하는 것이다.

(3) 도전

교수자는 학습자에게 크고 작은 미션이나 퀘스트를 부여하여 도전(challenge)하게 한다. 여기서 미션과 퀘스트는 게임에서 같은 것으로 표현된다. 원하는 표현으로 선택하여 사용하면 된다. 학습상황에서 미션이나 퀘스트는 학습자가 직접 하는 작업(task)이나 프로젝트를 말한다. 따라서 일련의 작업이나 프로젝트로 학습자가 점점 더 몰입하면서 교육적 성취도 확인하려면 작업 및 프로젝트를 정교하게 설계할 필요가 있다.

'도전'이라는 게이미피케이션 요소는 학습자에게 분명한 목표 의식을 심어 줄 수 있는 레벨(level)을 함께 사용해도 효과적일 수 있다. 교육 게이미피케이션에서 경험치를 모아 레벨을 올리면 각각의 레벨이 기준점이 된다. 이는 어느 정도의 노력이 얼마만큼의 성장을 이끌어 낼 수 있다는 단기 목표를 제시한다.

우리가 어렸을 때 많이 들었던 '열심히 공부하면 이 다음에 훌륭한 사람이 된다'는 말이 상당히 부담됐던 이유는 어느 정도의 노력을 해야 어떤 성취가 가능하고 어떤 목표를 달성할 수 있는지 알기 어렵기 때문이다. 그리고 '이 다음'이라는 모호한 기간은 학습자인 우리를 지치게 했기 때문에 이 말이 어렵게 느껴졌던 것이다.

하지만 게임에서의 '레벨'은 바로 눈앞에 보이는 도전을 비교적 짧은 시간 안에 성취하면서 성취감을 맛볼 수 있다. 동시에 작은 성공이 점점 더 큰 성공과 성취를 만들 수 있음을 확실하게 보여 준다. 레벨은 다음 도전을 위한 기준점 역할을 하는데, 이를 '기준점 효과(anchoring effect)'라고 한다.

자신의 과거와 현재가 대결을 하고 현재의 자신이 승리하면서 레벨이 올라가고(Level-up) 도전을 성공으로 이끄는 경험을 줄 수 있는 레벨 디자인을 고려해 보자. 게임에서는 정교한 레벨업을 위해 레벨 디자이너가 전문적으로 레벨을 설계한다. 처음에는 쉽게 레벨이 올라가다가 점점 게임 스킬이 늘었는데 레벨이 더디 올라가다가 지치는 시점에 다시 수월하게 레벨이 올라갔던 게임 경험은 한 번쯤은 해 봤을 것이다. 이렇게 정교한 레벨 디자인 덕분에 게임의 재미를 더 많이 느꼈을 것이다.

학습자 입장에서 자신의 학습 레벨이 올라가는 것을 확실히 알 수 있다면 어떨까? '레벨업'의 경험으로 자신의 도전이 성취 경험으로 바뀌고 있다는 것을 확인하면 배우는 과정이 더 재미있다고 느낄 것이다. 학습자들에게 큰 성취감을 위해 작은 도전을 성공하는 경험과 기회를 주는 것이 교육 게이미피케이션에서 중요하다.

(4) 스캐폴딩 피드백

학습자가 미션과 퀘스트를 수행하면서 레벨을 올릴 수 있도록 작은 도움을 주는 스캐폴딩 피드백(scaffolding feedback)을 제공한다. '스캐폴딩'이란 건축 공사를 할 때 높은 곳에서 일할 수 있도록 임시로 설치하는 구조물로 '비계(飛階)'라고도 한다. 교육에서는 학습자들이 어떤 개념을 이해하기 위해 교수자가 도움닫기용 피드백을 주는 것을 말한다. 특히 게이미피케이션 수업에서 학생들이 도전을 포기하지 않고 성공하는 경험으로 이끌기 위해 교수자가 도움닫기용 힌트를 주는 것으로 이해하면 수월할 것이다.

플립러닝 수업을 진행할 때, 본차시학습 → 사전학습 → 본차시학습 → 사후학습(IPIP) 과정에서 개인별, 그룹별, 전체 학습자를 대상으로 각각 스캐폴딩 피드백을 나누어 제공하는 것도 고려해 보자. 스캐폴딩 피드백을 제공할 때, 교수자가 직접 할 수도 있지만 아바타나 NPC(Non-Player Character: 게임에 직접 참여하지 않는 게임 캐릭터)를 활용하여 미션이나 퀘스트를 완수할 수 있도록 도움닫기용 힌트를 제공할 수 있다.

아울러 스캐폴딩 피드백을 제공할 때에도 아날로그와 디지털 방식을 적절하게 활용해 보자. 자신보다 조금 더 알고 있는 존재가 이 미션과 퀘스트를 수행하기 위해 도움의 손길을 주는 것이다. 이때 교육적으로 알아야 할 부분을 효과적으로 가르칠 수도 있다. 이 요소를 적절하게 활용한다면 학습자의 배움 경험을 보다 입체적으로 디자인할 수 있을 것이다.

이 NABI 모형에서 교수·학습설계를 위한 절차, '방향 찾기(Navigate)-목표 정하기(Aim)-만들기(Build)-실행하기(Implement)'와 게이미피케이션 방식인 셀프게임, 멀티게임(multi-game), 그리고 게임처럼 배울 수 있도록 적용하는 게임 규칙인 경쟁, 보상, 도전, 스캐폴딩 피드백을 적용한다. 여러분들의 수업이나 학습을 보다 역동적으로 만들기 위해 이 절차와 요소를 적용하여 재설계한다면 어떤 흐름으로 진행될까? 그리고 학습자로부터 어떤 반응이 나올까? 즐거운 상상을 해 보면 교수자도 동기부여가 생길 것이다.

2. 교육 게이미피케이션에서의 교수자 역할

1) 교수자, 우리 모두는 배움 경험 설계사

존 듀이(John Dewey)는 "1온스(1그램)의 경험이 1톤의 이론보다 낫다."라고 말하면서 경험으로 배우는 것의 중요성을 강조했다. 경험주의 학습이론은 학습이 개인의 경험을 통해 이루어진다는 점을 강조한다. 이는 개인이 정보를 직접 처리하고 이해하며 경험에 따라 지식과 기술을 개발하는 과정이 중요하다고 본다. 이런 학습방식은 사회, 문화, 개인의 내면 등 다양한 요소가 개입할 수 있는 열린 환경에서 특히 효과적일 수 있다.

경험주의 학습이론은 주로 존 듀이와 칼 로저스(Carl Rogers), 데이비드 콜브(David Kolb) 등의 사상에 기반을 두고 있다.

듀이는 "학습은 경험을 통해 이루어진다."라는 주장을 통해 학습과 교육이 단순히 정보의 수용이 아니라 개인의 적극적인 참여를 필요로 한다는 점을 강조했다. 이런 관점은 듀이의 '실천적 학습' 개념에 반영되어 있다.

로저스는 자기결정이론과 인격의 개발, 경험적 학습 등을 강조했다. 그는 학습자 중심의 교육을 주장하였으며 학습은 개인이 자신의 경험을 통해 이루어지고, 이러한 경험적 학습이 가장 지속적이고 의미 있는 학습이라고 주장하였다.

콜브는 '경험적 학습 사이클'을 제안하였다. 이 사이클은 구체적 경험, 반성적 관찰, 추상적 개념화, 활동적 실험의 네 단계로 이루어져 있다. 콜브는 이네 단계가 반복되면서 학습이 이루어진다고 주장했다.

이러한 경험주의 학습이론은 학습자가 스스로 학습의 주체가 되어 적극적으로 참여하고, 문제를 해결하며, 실제 상황에 대응하는 능력을 키우는 데 중점을 두고 있다.

이제 그동안 무언가를 배웠던 경험을 떠올려 보자. 처음 배울 때에는 설렘과 두려움이 있었다. 그러다가 점차 익숙해진다. 처음 배우는 것치고는 제법 실력도 빠르게 향상되는 것처럼 느낀다. 하지만 이도 잠시, 정체기가 오면서 답답하고 무력해졌던 기억이 있을 것이다. 정체기를 극복할 때도 있었고 그 단계에서 배우기를 멈췄던 경험도 있을 것이다.

우리 모두는 학습자이다. 그동안 무언가를 배웠던 경험을 떠올리면서 현재 우리가 가르치는 학습자의 상황에 대입해 보자. 학습자의 마음과 생각을 더 잘 읽을 수 있게 될 것이다. 물론 현재 학습자들은 우리가 쉽게 배웠던 부분을 어렵고 답답하게 배우기도 한다. 그 학습자를 이해하기란 상당히 어려울 수도 있다. 역지사지로 입장을 바꿔 보면 그동안 교수자 입장에서만 학습자의 학습 경험을 생각했던 것은 아닌지 반문해 본다. 이 질문으로 우리는 몇 가지 영감을 받을 수 있다.

우리가 배우기 시작했던 경험과 그 과정에서의 다양한 경험 그리고 수준급으로 도약하면서 배움의 정점을 경험했던 뿌듯함, 배운 것을 새로운 분야에서 적용하고 활용했던 경험까지 하나하나 떠올려 보면 우리는 우리 자신의 '배움 경험(Learning eXperience: LX)'을 설계했다는 것을 떠올릴 수 있다. 그리고 지금 가르치는 입장에서 학습자의 배움 경험을 설계하는 역할을 맡고 있다.

교수자의 또 다른 이름은 '배움 경험 설계사(Learning Experience Designer)'이다. 마치 마법사처럼 재미난 게임으로 마법을 부리며 수업하는 것을 상상해 보자. 그리고 학습자가 경험하는 배움 여정을 마법사인 교수자가 디자인한다고 생각해 보자. 각기 다른 경험을 가진 학습자들이 일련의 과정을 동료 학습자와 함께 경험하면서 자신의 배움을 재구성하고 확장하는 경험을 그려 보자. 마법사가 게임으로 마법을 펼치는 것과 같은 그림이 눈앞에 펼쳐지지 않는가?

배움 경험이라는 표현은 UX(User eXperience)에서 만들어졌다. 배움 경험을 설계하기 위해 육하원칙의 질문으로 학습자의 현 상황을 진단해 보기를 권한다. '누가, 언제, 어디서, 어떻게, 무엇을, 왜'라는 질문으로 시작할 수 있는 다양한 질문을 만들고 자신에게 질문하면서 학습자가 배우는 과정에서 만나는 경험을 만들어 보자.

특히 학습자에게 즐겁고 의미 있는 배움 경험을 주기 위해서 점검해야 할 다섯 가지 키워드 'REEMS'를 소개하고자 한다.

2) 배움 경험의 꽃, REEMS

학습자에게 즐겁고 의미 있는 배움 경험을 설계할 때는 즐거울 수 있는지(Enjoyable), 교육적으로 효과적인지(Effective), 학습자의 기억에 남을 만한지(Memorable), 그리고 이 경험 이후에 지속적으로 배움이 가능한 경험이 될 것인지(Sustainable)를 기준으로 설계한다. 그리고 게임처럼 배우거나 가르칠 때에도 이 다섯 가지 키워드, '즐겁고(Enjoyable)-(교육적으로) 효과적이고(Effective)-기억에 남고(Memorable)-지속 가능한(Sustainable) 배움 경험'을 기준으로 점검한다.

이 과정을 점검할 때는 교수자와 학습자가 자신의 교수 과정과 배움 과정을 돌아보는 성찰이 필요하다. 또한 교수자로서, 학습자로서 의미 있는 성장과 성찰을 위한 키워드가 되기도 한다. 성찰을 의미하는 'Reflection'이 배움 경험을 설계할 때 우리가 점검해야 할 키워드가 되기 때문에 배움 경험 설계를 꽃으로 형상화하였다.

배움 경험 설계의 프레임워크는 '성찰(Reflection)-즐거움(Enjoyable)-효과(Effective)-기억(Memorable)-지속(Sustainable)'의 조합인 REEMS로 표현한다.

영어로 'reem'은 형용사로 '좋은, 매력적인'이라는 뜻이다. 즐겁고 의미 있는 배움 경험은 학습자에게 좋고 매력적이다. 'reem'을 명사로 사용하면 '외모와 지성, 매력을 겸비한 완벽한 여성'이라는 뜻이 있다. 나비와 꽃, 매력적이라는 의미를 생각하면서 기억해 보자. 해상 분야에서는 'reem'을 동사로 사용하는데 '선박의 판자 이음새를 열다.'라는 의미가 있다. 우리가 배움 경험을

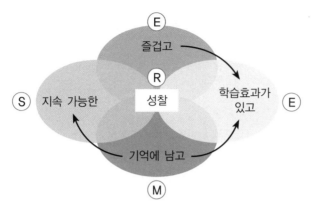

배움 경험 설계를 위한 꽃: REEMS

디자인하는 것은 학습자의 배움 여정을 입체적으로 만들어서 학습자의 무한한 가능성을 열어 주는 계기가 될 것이다.

즐겁고 의미 있는 배움 경험을 설계할 때 아이디어를 모으는 과정에서 'HMW(How Might We~?: 우리가 어떻게 ~할 수 있을까?)'라는 질문 기법으로 발상을 촉진해 보자.

학습자들이 어떻게 하면 이 지식을 효과적으로 내재화할 수 있을까? 어떻게 하면 이 부분을 학생들이 즐겁게 배우면서 기억에 남길 수 있을까?

이러한 질문을 스스로에게 던지면서 학습자의 배움 여정과 배움 경험을 메모해 보자. 기록은 중요하다. 특히 게이미피케이션 수업을 진행할 때 포착할 수 있는 다양한 단서를 교수자가 놓치지 않고 메모하여 이를 바탕으로 학습자에게 보다 맞춤형 학습을 제공할 수 있다면 작지만 강력한 메모의 힘을 체감할 수 있다. 게이미피케이션 수업을 진행하면서 계속 생각이 달라지고 관점도 달라지기 때문에 우리의 생각 변화를 추적할 필요가 있다. 아울러 메모를 보면서 더 많은 발상을 할 수 있고 새로운 게임 방식을 만들 수도 있다. 뿐만 아니라 교수자인 우리 자신이 무언가를 배울 때의 느낌, 감정, 생각 등을 적어 두는 것도 학습자를 이해할 수 있는 좋은 방식이다.

학습자의 즐겁고 의미 있는 배움 경험을 디자인하는 아름다운 꽃(flow+er), REEMS(Reflection-Enjoyable-Effective-Memorable-Sustainable)를 기억하자.

'와우(WOW)!, 아하(AHA)!'를 외치는 배움 경험(LX) 디자인하기

우리가 재미있는 게임을 할 때는 온전히 몰입하게 된다. 몰입이란 제2장에서 자세히 설명한 것처럼 시간과 공간 그리고 자기 자신도 잊는 무아지경의 상태를 말한다. 칙센트미하이 박사는 몰입의 순간이 마치 물 위에 떠서 흐르는 것과 같은 상태라며 '플로(Flow)'라고 표현했고 몰입을 영어로 'flow'로 부르는 계기가 되었다.

여기에서 몰입을 경험하는 사람, 즉 몰입을 경험하는 학습자 혹은 교수자라는 의미로 사람을 표현하는 접미사, '-er'를 붙여서 'Flow+er(플로＋어, [loʊ3ː(r)])'로 표현해 보겠다. 몰입을 경험하는 교수자이자 학습자인 우리가 기억해야 할 'REEMS'라는 꽃은 나비(NABI)와 연결 지어 이미지로 연상하기에 좋다.

이 'REEMS'라는 꽃은 학습자의 메타인지적 성찰과 영감을 주기 위한 배움 경험 설계 과정에서 시사하는 바가 크다. 우리가 학습자의 배움 경험(LX)을 설계할 때, 즐길 수 있는지(Enjoyable), 교육적으로 효과가 있는지(Effective), 기억에 남을 수 있는지(Memorable), 지속 가능한 배움이 되는지(Sustainable)를 키워드로 점검한다. 그리고 이 모든 과정은 학습자 자신이 성장하고 있다는 성찰(Reflection)로 귀결된다.

그런데 이와 같은 과정에서 우리는 학습자와 교수자가 무심코 내뱉는 감탄사에 주목할 필요가 있다. 먼저 학습자 입장에서 생각해 보겠다. 배우는 경험이 즐겁고 교육적으로 효과가 있을 때 '와우(Wow)!', 교육적으로 효과가 있고 기억에 남을 만한 경험일 때 깨달음에서 오는 '아하(Aha)!'라는 감탄사에 주목해 보자. 기억에도 남고 지속 가능한 배움 경험이 되었을 때 놀라움의 감탄사 '와우(Wow)!', 그리고 지속적으로 성장하는 과정에서 얻게 되는 즐거운 깨달음의 '아하(Aha)!'라는 외침! 학습자의 '와우!'와 '아하!'의 순간을 자주 발견한다면 여러분의 게이미피케이션 수업은 성공적이라고 할 수 있다. 이러한 배움 경험과 환경을 만드는 작업은 N-A-B-I(나비) 교수·학습설계로 충분히 가능하다.

색깔로도 와우-아하의 순간을 상징적으로 표현했다. '와우!'는 열정적으로 게이미피케이션 수업에 참여하며 재미를 느끼고 교육적인 효과도 볼 수 있다는 의미로 '열정의 빨강'으로 나타냈다. 또한 '아하!'는 메타인지적 성찰로 얻게 되는 영감으로 '이성적인 냉정의 파랑'으로 표현했다. 학습자가 게이미피케이션 플립러닝 수업을 경험하면서 '와우!' '아하!'를 자신도 모르게 외치는 역동적인 강의실을 상상해 보자. 미소가 절로 지어질 것이다. 교수자에게는 이 순간이 뿌듯함과 기쁨을 느끼는 미소

〈계속〉

짓는 시간이다. NABI를 적용한 수업이 향기로운 꽃으로 미소 짓게 하는 자신의 수업을 상상해 보자. 그 자체로 충분히 좋고, 멋지고, 매력적인(REEM) 배우고 가르치는 경험이 될 것이다.

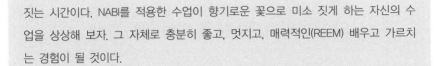

메타인지적 성찰과 영감을 주는 와우! 아하! 순간을 만드는 배움 경험(LX) 디자인

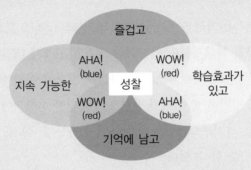

와우! 아하! 순간을 만드는 배움 경험(LX) 설계를 위한 꽃(Flow+er): REEMS

자기주도성을 가지고 자신의 배움 경험을 설계해 본 경험이 있는지 생각해 보자. 우리가 초·중·고등학교에서 영어를 배울 때 학교나 학원에서 알려 준 숙제를 수행하면서 영어 실력을 길렀던 경우가 많다. 선생님 주도로 학습한 경우가 대부분이었을 것이다. 대학생이 되어서도 크게 다르지 않다. 자신이 좋아하는 방식으로 영어를 배우고 싶지만 학점을 위한 공부에 그치기 쉽다. 그러다가 해외에서 공부할 기회가 생기거나 외국계 회사에 취업하고 싶을 때 점수를 위한 공부에서 자신의 영어 실력을 위한 공부 방법으로 바꾸는 시도를 한다. 많은 시행착오를 통해 자신에게 적합한 방법, 자신이 좋아하는 방법을 찾는다. 이 긴 여정을 반복할 필요가 있을까? 자신의 과거와 현재가 대결하는 셀프게임 모드로 외국어 하나를 정복해 보자. 정복이라는 표현이 너무 거창하다면 외국어를 배우는 작은 시도를 계속 이어 가면 어떨까? N-A-B-I의 순서대로 자신의 배움 여정을 설계하고, 그 과정 속에서 자신의 즐겁고 의미 있는 배움 경험을 기록으로 남기면서 REEMS 키워드로 점검해 보자. 분명 한층 성장한 자신을 발견할 수 있을 것이다.

3. 학습자의 게이미피케이션을 위한 학습전략

1) 현재의 학습상황 점검하기

사전학습(Pre-Class)에서 학습자는 셀프게임(self-game) 모드로 자신의 학습상황을 점검한다. 셀프게임이란 자신의 과거와 현재가 대결하는 모드의 게이미피케이션 방식이다. 자신의 실력을 향상하기 위해 어떤 부분이 개선되어야 하는지 스스로 평가해 보고 어떤 방향으로 학습이 진행되어야 할지 점검한다. 이 단계에서는 자기주도학습을 실천하면서 자신의 속도를 조절하며 학습하는 자기조절학습도 할 수 있다.

'자기주도학습'은 학습자가 학습참여 여부를 결정하고, 스스로 학습목표를 설명하고 학습 프로그램을 선정하며 학습결과를 평가하는 등 학습의 전체 과정을 본인의 의사에 따라 선택하고 결정하는 방식으로 학습하는 것을 말한다. 아울러 '자기조절학습'은 학습자가 자신의 학습요구를 스스로 파악하고 학습목표를 달성하기 위한 학습과정을 스스로 통제하여 유의미한 학습결과를 산출해 내는 능력을 말한다. 이 두 가지 학습에 게이미피케이션을 적용한 다양한 방식을 생각해 보자. 셀프게임은 학습자들에게 스스로 즐겁고 유의미한 배움 경험을 만드는 방법을 알려 줄 수 있다.

2) 게이미피케이션 목표 정하기

사전학습에서 학습자는 스스로 셀프게임 모드로 자신의 실력 향상을 위한 목표를 설정한다. 이때 작은 목표를 설정하고 작은 성공의 반복된 경험을 통해 성취감을 점점 더 크게 느낄 수 있도록 안내하자. 학습자의 연령이나 배움의 정도를 고려하여 셀프게임에서 목표를 설정하도록 예시를 제공하는 것도 고려할 필요가 있다.

3) 학습력 향상을 위한 게임방식 만들기

사후학습에서 학습자는 스스로 셀프게임 모드에서 자신의 실력을 향상할 수 있는 활동을 만든다. 활동의 종류, 절차, 분량 등을 스스로 결정하도록 학습자에게 권한을 주자. 이는 게임의 자기결정이론이 자연스럽게 적용되도록 유도하는 것이다. 특히 자신의 분량이나 학습 속도, 이해의 속도 등을 조절하면서 공부할 수 있어서 자기조절학습이 가능하다.

4) 게이미피케이션 실행하기

사후학습에서 학습자는 스스로 셀프게임 모드에서 학습내용을 자신의 지식으로 만들었는지 학습의 내면화 작업을 수행한다. 이때 자신에게 도움되는 활동과 그렇지 않은 활동을 메모하면서 학습하도록 교수자가 점검 가이드를 제공하면 학습자 스스로에게 피드백을 부여(Self-feedback)하며 자기성찰에도 도움된다.

지금까지 학습자 입장에서 게임처럼 배우게 하는 셀프게임 방식의 게이미피케이션 전략을 알아보았다. 셀프게임 방식은 다양하게 배우고 있는 학습내용과 관련 지식에 따라 게임 디자인이 달라진다. 따라서 자신만의 창의적인 게임 방식을 만들어 보기를 적극 권한다.

이번 장에서는 게임처럼 배우고 가르칠 수 있는 게이미피케이션을 적용한 플립러닝을 위한 NABI 교수·학습모형에 대해 알아보았다. 게이미피케이션을 접목한 플립러닝의 네 가지 절차 요소는 방향 찾기(Navigate), 목표 정하기(Aim), 만들기(Build), 실행하기(Implement)이다. 앞 글자를 조합하여 'NABI'로 명명하였고, 이 모형은 나비 형상으로 표현하였다. 또한 애자일 방식으로 '방향 찾기-목표 정하기-만들기-실행하기'가 지속적으로 순환한다는 의미를 담아 무한히 순환 반복하는 '뫼비우스의 띠' 이미지로도 표현된다.

교수자와 실시간 면대면 혹은 비대면으로 만나는 본차시학습에서 '멀티게임' 모드로 진행할 수 있다. 이와 함께 사전·사후학습에서 자신의 과거와 현재가 대결하는 구도의 '셀프게임'으로 진행하면서 완전학습이 이루어지도록 구현하였다. 이 모형은 교수자 입장에서의 교수설계 및 교수사태와 학습자 입장에서의 학습 절차, 그리고 게이미피케이션 전략을 모두 담고 있는 중의적 개념의 교수·학습모형이다.

이 NABI 모형대로 수업이 체계적으로 설계되었는지에 대한 점검이 필요하다. 또한 학습자의 배움 경험도 즐겁고 의미있었는지를 알아볼 필요가 있다. 다섯 가지 키워드, REEMS라는 꽃(Flow+er)에 대한 의미로 점검해 보자.

학습자들이 배우는 여정마다 게임 플레이하듯 즐겁게 푹 빠져들어 '몰입(flow)'을 경험한다면 우리는 모두 멋진 교수자, REEMS가 될 것이다.

> **REEMS**
>
> 배움 경험에 충분히 몰입하여 자신의 성장을 성찰(Reflection)하기 위해 즐겁고(Enjoyable), 학습효과(Effective)가 있으며 기억에 남고(Memorable) 지속 가능(Sustainable)한 배움이 되었는가?

게이미피케이션을
적용한 플립러닝
교수·학습설계

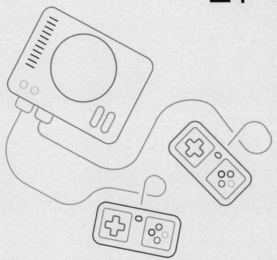

🟡 학습목표 ···

- 게이미피케이션을 적용한 플립러닝 NABI 교수·학습모형 절차에
  따라 교과목을 재설계할 수 있다.

지금까지 우리는 학습자들이 주체가 되어 보다 생동감 넘치는 수업을 경험하고 학습할 방안을 찾기 위해 게임의 요소를 살펴보고 게이미피케이션을 적용한 플립러닝 교수·학습모형(NABI)에 대하여 알아보았다.

이번 장에서는 앞서 거론된 이론적 배경 지식을 모두 담아 실제 수업이 어떻게 운영되는가를 한눈에 알아보기 쉽게 두 개의 교과목 사례를 수록하였다. 교육목표의 지향점이 다른 두 교과목의 사례를 살펴보고 교육 현장에 접목할 수 있는 부분에 대하여 고민을 함께하고, 실제 수업에 적용해 보기 위함이다.

수업 운영사례는 교수설계를 기반으로 수업 자료 개발과 수업 운영 및 평가에 대한 전반적인 내용을 기록한 '교과목 포트폴리오' 형태로 구성하였다. 교과목 포트폴리오는 교육목표 설정에 따른 학습성과와 강의 내용이 잘 부합되는지를 검토하고, 학생들이 교과목 이수를 통하여 어느 정도 학습효과를 성취하였는지를 평가하여 교과목의 질을 향상시키기 위한 총체적 자료 모음집이다. 교과목 포트폴리오는 교육과정 수행에 따른 모든 성과물을 축적한 것으로 교육 내용 개선 및 지속적인 교육의 질 개선에 유용하게 활용될 수 있다. 특히 교과목 포트폴리오 마지막 부분에 CQI(Continuous Quality Improvement) 보고서를 추가하여 최종적으로는 교수자의 수업 성찰을 담아 교육의 수월성을 높이고자 했다. 다만, 이 책에서 제시하는 교과목 포트폴리오는 게이미피케이션을 활용한 플립러닝 수업에서 일반적으로 검토할 사항들로 구성하였으므로 각자 교과목 특성에 맞는 유연한 구성이 필요하다.

1. 영어학개론: 메타인지 강화 학습

1) 게이미피케이션을 적용한 플립러닝 NABI 교수설계 적용 배경

이 교과는 영어학에 대한 전반적인 지식을 쌓는 교과로 인간의 두뇌와 언어의 관계를 비롯해 언어습득, 언어의 특성인 형태론, 통사론, 의미론, 화용론, 음운론, 음성학을 고찰한다. 또한 심리언어학, 사회언어학, 언어습득론 등의 다양한 접근법을 통해 확대된 언어학 범주를 개괄적으로 배우는 교과목이다. 이 교과는 이론 중심의 강의로 학습자들이 내용을 암기하는 방식의 수동적인 학습을 하기 쉽다. 수동적인 학습방식을 능동적으로 변화시키는 방법을 고민하다가 게이미피케이션을 적용한 플립러닝 수업을 시도하기로 하였다.

특히 본차시학습에서 직소모형 방식으로 진행하였는데, 이 방식은 자기주도적 학습을 강화하면서 게임 방식으로 동료 학습자를 가르치고, 자신의 지식도 구조화·정교화되는 과정을 경험하며 인지 및 메타인지력을 강화하는 데 도움을 주었다. 무엇보다 이 방식을 경험한 학습자들은 보다 능동적으로 학습 사태에 참여하면서, 성찰 일지에서 자신의 배움 경험을 의미 있게 만들었다고 평가하였다.

형태론에서 어휘 형성 과정을 배우는 주차에 게이미피케이션을 적용한 플립러닝을 실시하였는데, 학습자들은 형태론에서 배운 원리 등을 이후 다른 주차에 수월하게 적용하는 것을 관찰할 수 있었다. 또한 학생들은 성찰 일지를 통해 본차시학습에서의 시간이 여유롭지 않아 내실 있는 학습을 위해 사전학습이 중요하다고 기술하였다.

2) 본차시학습에 적용된 대표 교수법

학습자들의 인지능력을 향상시키기 위한 교수·학습모형을 탐색하던 중, 홍미 요소가 많고 학습근력도 높일 수 있는 협력학습모형의 한 방법론인 직소 (Jigsaw)를 채택하였다.

직소모형은 아론슨과 그의 동료(Aronson et al., 1978)들이 개발한 분담학습 모형이다. 이는 집단 내의 동료 학습자들 간 상호작용 학습을 경험하는 모형 으로, 특히 초기학습자나 기초지식이 부족한 학습자에게 효과적이다.

직소모형에서는 협력학습 구조에서 교수자가 수업의 주체가 아니고 학습 자들이 수업의 주체가 된다. 다시 말해, 수업활동의 주인공은 학습자들이지 교수자가 아니며, 교수 활동 자체를 학습자들이 이해하고 소화시켜 스스로가 학습의 성과를 이끌어 내는 구조이다.

또한 직소는 단어 뜻에서 알 수 있듯이 학습 모둠 안의 각 구성원이 퍼즐 조 각처럼 흩어졌다가 임무를 완수하고 제자리에 돌아와 다시 하나의 퍼즐, 즉 모둠원을 구성한다는 뜻을 내포한다.

직소모형은 수업절차 단계상 개별학습을 수행하는 것을 시작으로 팀 내 학 습내용을 공유하는 과정으로 이어지기 때문에, 집단 내의 모든 학습자가 주 어진 학습목표를 달성하기 위해 개인의 책임을 비롯하여 동료 학습자와 협력 을 이루어야 한다. 직소모형은 초기 모형의 버전을 시작으로 수정·보완하면 서 여러 버전이 만들어졌는데, 가장 핵심이 되는 수업의 형태는 크게 변화되 지 않고 고형적이다. 그와 관련하여 기본적인 직소모형의 수업절차를 예를 들 어 설명하겠다.

구체적인 직소모형의 실행단계는 기본적으로 '모집단(home team) 활동'과 '전문가 집단 활동' '모집단의 복귀 및 평가'의 수업 단계를 거친다.

첫 번째로, '모집단 활동'에서는 가장 먼저 교수자가 모둠을 구성하고 모둠마다 각 학습자에게 고유번호를 붙여 개인 학습영역을 담당하게 한 다. 예시를 들어 보면, 학습자 총원이 16명일 경우에, 교수자는 4인 1조로 4개의 모둠(A팀, B팀, C팀, D팀)을 구성한다. 그리고 각 모둠별 구성원들에게 네 가지 유형의 주제를 각자 제시해서 개별학습을 하도록 분배한다. 즉, 교수 자가 준비한 네 가지 유형의 학습내용을 모둠마다 동일 학생에게 똑같이 나누어 주고(각 모둠마다 1, 2, 3, 4 학생), 해당 내용을 개별학습한다. 결과적으로 A조의 1번 학생 내용과 B조의 1번 학생 그리고 C조의 1번 학생, D조의 1번 학생은 모두 같은 주제를 학습한다. 이때 학생 입장에서는 자신이 부여받은 주제에 대해 전문가가 되는 것이다. 그런 다음 모집단에서의 학습자 활동은 다음과 같이 세분화할 수 있다.

A조		B조	
1번 학생	2번 학생	1번 학생	2번 학생
3번 학생	4번 학생	3번 학생	4번 학생

C조		D조	
1번 학생	2번 학생	1번 학생	2번 학생
3번 학생	4번 학생	3번 학생	4번 학생

직소모형을 위한 모둠 편성
출처: 최정빈(2018).

① 학생들은 자신이 속한 각 모둠에서 개별적으로 학습한 내용(소주제)을 학습하고 기록함.
② 이 과정을 위해 교수자는 학생들이 각자 학습내용을 기록할 수 있도록 사전에 학습지를 미리 준비함.
③ 개별적으로 학습한 내용을 각자 돌아가며 자신이 속한 모둠 구성원에게 설명하게 함(이때, 자신이 설명한 내용은 그 내용의 전문가가 되는 것임을 인지시킴).
④ 학습내용 공유 시간은 한 사람당 5분에서 8분 내외로 설명하게 함.

이와 같이 모집단 활동에서는 한 모둠 내에서 각 구성원들이 다른 주제를 개별학습하고 일정 시간이 흐른 후에는 모둠 내 동료 학습자들에게 가르쳐 주

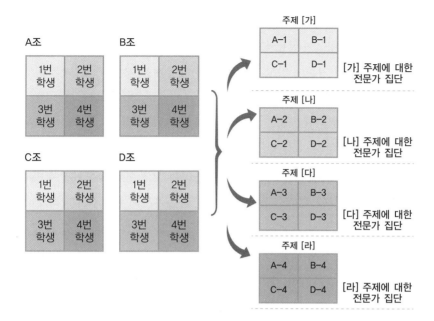

직소모형에서의 전문가 활동

출처: 최정빈(2018).

기 식의 동료 교수법을 수행한다.

　두 번째로, '전문가 집단(expert team) 활동'에서는 모집단 활동에서 학습한 자신만의 영역, 즉 전문가 영역에서의 학습내용을 잊지 않고 자신이 속한 모집단을 떠나서 자신이 학습한 내용을 전문가 집단에서 다시 토의하는 방식이다. 다시 말해서, 전문가 집단이란 자신의 과제와 동일한 과제를 받은 다른 모둠원들과 해당 과제에 대해 학습하는 모둠을 의미한다.

　또한 전문가 집단을 형성하는 과정에서 물리적으로도 교실 내의 모집단 장소에서 벗어나 전문가 집단 장소로 다시 이동해야 한다. 보다 구체적으로 전문가 집단에서의 활동 사항을 다음과 같이 세분화할 수 있다.

　① 각 팀에서 동일한 주제를 맡은 전문가끼리 따로 모둠을 재구성하여 모이게 함.

　② 전문가 집단에서의 학습활동은 자신의 원모둠에서 진행했던 것과 같이

돌아가며 각자 공부한 내용을 발표함(이때 전문가 집단으로 모였기 때문에 심도 있는 내용들이 공유되고 지식의 확산이 일어남).

③ 각자 자신이 기존에 알고 있던 내용과 새롭게 알게 된 정보, 지식에 대해 기록하고 모집단 모둠으로 돌아감.

세 번째로, '모집단 복귀 및 평가(home team reconvence) 활동'에서는 전문가 집단의 모둠학습활동을 마치고 다시 원래의 모둠으로 돌아와서(복귀하여) 자신의 전문적 지식을 모둠 내의 다른 동료 학습자들에게 전수하는 과정이다. 이 과정에서 협동학습 초기에서의 지식내용과 깊이보다 전문가 활동 이후의 지식이 확장된 사항에 대해 더욱 구체적으로 지식 나눔이 이뤄져야 한다. 직소모형에서는 학습자들이 자기가 전문으로 학습한 영역 외에는 전혀 학습을 하지 않았기 때문에 자신이 전공하지 않은 영역은 전적으로 동료 학습자인 해당 영역 전문가의 지식에 의존할 수밖에 없다. 따라서 동료의 가르침을 적극적으로 수용하고 자연스러운 상호의존적 협동성을 유발한다. 이러한 모든 과정이 끝나면 전체 과제나 평가를 통하여 개인평가를 받는다. 더불어 퀴즈의 형태를 살려서 학습자 모두가 참여하여 흥미롭게 진행할 수 있고, 결과적으로 퀴즈에 대한 보상은 개별보상과 집단보상을 제공하여 긍정적인 경쟁의식을 불러일으켜 학습동기 유발에 도움이 된다.

3) 수업 운영 사례

해당 교과는 영어학개론에서 다루는 지식을 효과적으로 내재화하는 것을 목표로 게이미피케이션을 적용한 플립러닝을 운영하였다. 이를 위해 다양한 수업 자료를 개발하고 활용하였다. 특히 원활한 수업 운영을 위해 사전에 면밀한 기획이 요구되었고, 예상되는 상황에 대처할 수 있도록 시뮬레이션을 그려 보는 것이 중요하였다. 이번에는 교과목 포트폴리오에 입각해서 주요 항목을 중심으로 수업 운영을 위한 세부적인 사항들을 샘플 자료로 제시한다. 단,

포트폴리오에 명시된 세부내용(요소)은 모두 중요한 사항이지만 본 교과목의 예시 자료는 체크 표시된 일부 내용만을 수록하였으니 필요시 점검요소를 확인하고 자신의 교과목에 적용할 것을 권한다.

표 5-1 게이미피케이션 활용 플립러닝 교과목 포트폴리오 점검표

번호	항목			세부 내용	
1	교과목 개요			☑ 교과목 소개, 교육 내용, 교육 방법	
2	강의계획서			☑ 강의계획서	
3	게이미피케이션 전략			☑ 게이미피케이션 요소(경쟁, 보상, 도전, 스캐폴딩 피드백)	
4	강의 자료	사전학습 (Pre-Class)	NA	☑ 사전학습 자료(강의 콘텐츠, OER: MOOCs, K-MOOC, Youtube 등)	
				☐ 기타 사전수업 자료(hwp, ppt, pdf, article 등)	
				☐ 사전평가지(출석, 퀴즈, 문제은행, 수업계획서, worksheet 등)	
		본차시학습 (In-Class)	NABI	☑ 교수자 수업 자료	
				☑ 능동학습 자료(토론, 협동학습, 문제 해결 학습 등)	
				☑ 학습평가 자료(과정평가, 수행평가 등)	
		사후학습 (Post-Class)	BI	☑ 수업 과제물	직소방법 수업 후 팀별 학습내용 취합 및 공유
				☑ 학습성찰 일지	
5	시험 자료	중간시험		☑ 문제지	
				☑ 학생 모범 답안지	
		기말시험		☑ 문제지	
				☑ 학생 모범 답안지	
6	과제물			☑ 퀴즈 문제 생성	학습성찰 일지에 매 주차에 학습한 내용으로 퀴즈 문제 만들기
7	CQI 보고서			☑ 교과목 평가 분석(교과목 설계, 실행, 성과, 운영 평가)	
				☑ 향후 교과목 운영 개선 계획(교수자 수업 성찰)	

(1) 교과목 개요

영어학개론 교과목의 개요를 비롯해 교육 내용 및 교육 방법에 대하여 기술한다.

1	교과목 개요	① 교과목 소개, 교육 내용, 교육 방법

■ 교과목 소개

교과목명	영어학개론(Introduction to English Linguistics)

□ 교과목 개관

본 강의는 영어영문학 입문자로서 영어학에 대한 전반적인 지식을 쌓을 수 있다. 인간의 두뇌와 언어의 관계, 언어의 특성인 문법론, 의미론, 음운론, 음성학, 화용론을 고찰하고 심리언어학, 사회언어학, 언어습득론 등의 다양한 접근법을 통해 확대된 언어학 범주를 개괄적으로 고찰한다.

□ 교육 목표

• 본 강의를 통해 언어와 뇌, 언어와 사고, 언어와 사회, 영어의 통사, 음운, 의미 구조 및 화용론적 구조를 이해할 수 있다.
• 언어학과 관련된 영어전공 서적을 읽고 이해할 수 있으며 영어 통사론, 음운론, 의미론, 화용론적 이론을 활용하여 영어구문을 분석할 수 있다.
• 언어의 특성을 신경학적, 사회학적, 심리학적 측면에서 고찰하여 영어의 특성을 이해하면서 언어소통능력 향상을 촉진할 수 있다.
• 영어 전공 원서를 읽고 이해하면서 영어 콘텐츠를 분석하고 활용하는 능력을 신장할 수 있다.
• '영어'라는 언어의 특성을 이해하면서 영어권 문화와 세계문화 이해 능력을 촉진할 수 있다.

■ 교육 내용

• 영어학개론에서는 영어학에 대한 기본 지식인 언어의 정의, 언어학, 언어와 뇌의 상관관계, 모국어 및 외국어 습득과 학습, 사회언어학, 형태론, 통사론, 의미론, 화용론, 음성학과 음운론의 이론과 개념을 배운다.
• 모국어인 한국어와 영어의 공통점과 차이점을 이해하는 것도 영어학을 이해하는 데 도움이 되므로 동료 학습자와의 토론을 통해 언어학 내용 관련 경험과 사례를 탐색하고 공유한다.

■ 교육 방법

구분	수업구조		교수·학습법
	플립 러닝	게임 요소	
사전 학습	Pre- class	방향 찾기 (Navigate)	▷ 영어학 내용 관련 온라인 동영상 및 해외 강의 시청 ▷ 배울 내용 예상하기
		목표 정하기 (Aim)	▷ 주차별 내용을 교재인 원서로 읽기 ▷ 키워드 3개를 찾아 메모하기

본차시
학습
	In-
	Class
		방향 찾기
		(Navigate)
			▷ 액티브 러닝(Active Learning)
			  – 토론(Discussion)
			  – 작업하여 배우기(Learning by doing)
			  – 동료 교수법(Peer to peer instruction)
			  – 직소(Jigsaw) 협력학습

		목표 정하기 (Aim)	▷ [교수자] 학습내용과 목표 공유 ▷ [학습자] 동료 학습자에게 가르칠 내용 확인하고 학 습목표 설정
		만들기 (Build)	▷ [교수자] 팀 구성 및 학습자 개개인별 학습 분량 공지 ▷ Muilti-game ▷ [학습자] 할당받은 학습내용 확인
		실행하기 (Implement)	▷ [교수자] 직소 협동학습의 순서대로 운영 ▷ Muilti-game 실행: 오프라인/온라인 모두 고려하기 ▷ [학습자] 직소 협동학습을 통해 개괄 및 심화학습 ▷ Multi-game 준비를 위한 지식 점검 후 플레이

사후
학습
	Post-
	Class
		만들기
		(Build)
			▷ 사후 성찰 일지 작성을 통해 배운 내용 내재화 작업
			  실시
			▷ 영어학 지식을 누적, 반복하여 학습력 향상(Build up
			  learning power)

		실행하기
		(Implement)
			▷ 영어학 지식을 어제의 나보다 오늘의 내가 더 알았
			  는지 점검하기 위한 Self-game 실시[(예) 백지공부
			  법, 배운 내용 설명하기 등]

(2) 강의계획서

영어학개론 교과목 수업의 흐름 전개를 확인할 수 있는 강의계획서를 제시한다. 9주차 '형태론' 강의에서 게이미피케이션을 적용한 플립러닝 수업을 진행하였고 이에 대한 강의계획서를 공유한다. 사전학습, 본차시학습, 사후학습에서 교수자와 학습자가 담당할 내용과 시간 분량, 본학습에서 진행할 게임방식에 대해 기술하였다.

2	강의계획서		② 주차별 강의계획서(예시)		
과목명	영어학개론	교수명	최○○	학년	2
단원(차시)	9주차	단원주제	형태론	인원	47명
학습목표	지식(Knowledge): 알아야 할 것		기술(Skill): 할 수 있어야 하는 것	태도(Attitude): 갖추어야 할 가치나 태도	
	형태소, 어휘 형성 규칙과 과정, 어휘의 계층적 구조가 무엇인지 설명할 수 있다.		영어 어휘 생성 규칙을 이해하고 어휘의 계층적 구조 (tree diagram)로 도식화할 수 있다.	형태론 관련 지식의 내재화를 위해 능동적으로 학습활동에 참여할 수 있다.	
단계 선택 (Gamification Model in Flipped Learning) ☑	교수·학습활동			시간 (분)	비고 (출처, 방법론 등)
사전 학습 (Pre-Class)	☑ N	• 내용어, 기능어, 형태소에 대한 내용을 교재에서 읽기 • 배울 내용에 대해 방향 찾기(Navigate)		20′	형태론 전체 학습 내용의 1/4 분량
	☑ A	• 읽은 내용과 관련한 동영상을 시청하면서 배울 내용에 대한 목표 정하기(Aim)		10′	
본차시 학습 (In-Class)	☑ N	• 사전학습에서 학습한 내용을 메타버스에서 OX 퀴즈로 점검하기 • 사전학습내용에 대한 강의		30′	형태론 전체 학습 내용의 1/4 분량
	☑ A	• 게이미피케이션을 적용한 직소모형 실행의 목표 설정 • 게이미피케이션을 적용한 직소모형, 'Level-up Morphology' 게임 규칙 공지 • 팀 분류, 팀 생성 및 팀별 자리 이동 • 형태론 자료 분할		10′	직소모형 실행: 형태론 전체 학습내용의 3/4 분량

〈계속〉

	☑ B	• [Level 1 = Self-game] – 맡은 자료를 스스로 학습 • [Level 2] – 맡은 자료에 대해 팀원에게 가르치기 • [Level 3] – 심화학습을 위해 자신이 맡은 부분을 학습한 다른 팀원들과 '전문가 집단' 형성 – 전문가 집단에서 내용에 대해 토론하면서 난이도 상, 중, 하로 3문제 퀴즈 만들기 • [Level 4] – 본 그룹으로 돌아가서 자신의 팀원들에게 심화학습내용 가르치기	60′	동료 교수법 및 직소 협동학습
	☑ I	• [Level 5 = Multi-game] – 팀 대항 '형태론' 골든벨 게임 실시 * 규칙: 자신이 맡은 부분은 답할 수 없음, 문제 난이도별로 획득할 수 있는 포인트는 차등 지급 등 * 정리: 우승팀 확인 및 사후 성찰 일지와 팀별 내용 정리한 것 취합 후 e-class 업로드 공지	20′	
사후 학습 (Post-Class)	☑ B	• 팀 작업: 자신이 맡은 부분을 원서를 읽고 정리한 후 팀장이 취합하여 e-class에 업로드 • [교수자] 취합 후 정리 파일을 전체 공유하면서 자연스러운 복습 활동으로 유도하기	30′	교수자 코칭
	☑ I	• 학습성찰 일지: 복습을 위해 형태론 내용 정리 및 직소방법론에 대한 통찰, 배움 경험 점검	10′	학습성찰

게 임 구 분	셀프게임(사전학습)	형태론 부분 미리 읽기
	셀프게임(본차시학습)	할당받은 자신의 분량을 정확하고 빠르게 학습하기
	멀티게임 (본차시학습)	1) 학습한 내용을 팀원에게 가르치기 2) 형태론 관련 파트별 상/중/하 문제로 차등 지급되는 포인트를 선택하는 골든벨 게임 실시하기
	멀티게임 (사후학습)	형태론 관련한 자신이 할당 받은 부분 정리 후 팀원과 공유 후 취합하여 제출하기
	셀프게임 (사후학습)	형태론 챕터를 원서로 읽고 정리하면서 자신의 형태론 지식을 얼마나 알고 있는지 백지에 기억나는 만큼 적어 보면서 점검하기
평 가 전 략	사전학습 (Pre-Class)	형태론 챕터를 읽으면서 주요 키워드 3개 추출하여 e-class에 공유하기
	본차시학습 (In-Class)	직소방법론 절차에 따라 적극적으로 참여하는지, 팀에 얼마나 기여하는지를 골든벨 게임으로 확인하기
	사후학습 (Post-Class)	1) 자신의 할당량 내용을 정리하여 팀원과 공유 후 한 파일로 제출하기 2) 학습성찰 일지 내용으로 차등 점수 지급하기

(3) 게이미피케이션 전략

영어학개론 교과목에서 적용된 게이미피케이션 전략을 기술한다. 게이미피케이션 요소는 크게 경쟁, 보상, 도전, 스캐폴딩 피드백으로 구성하였다.

3	게이미피케이션 전략	
게이미 피케이션 요소	내용	유/무
경쟁	• [셀프게임] 형태론에 대해 잘 모르던 자신의 과거와 맡은 분량을 단시간에 정확하게 이해하고 학습하는 현재의 자신과의 대결 • [멀티게임] 전문가 집단에서 자신이 알고 있는 것을 설명하고 난이도별 퀴즈를 만드는 데 기여하면서 동료 학습자와의 대결 • [멀티게임] 팀 대항 골든벨 게임에서 팀 경쟁	유
보상	• 형태론 내용 숙지에 따른 성취감, 자신감, 자기효능감 등의 내재적 보상 • 멀티게임인 골든벨 게임에서 자신의 기여가 팀 포인트 획득으로 이어지는 경험	유
도전	• 형태론 내용 숙지를 위한 도전 • 게임 규칙인 제한된 시간 안에 자신이 맡은 부분을 성실히 공부하는 도전 • 자신이 맡은 형태론 내용을 동료 학습자에게 가르쳐야 하는 도전 • 골든벨 게임에서 자신이 가르친 부분을 팀원들이 잘 이해하고 정답을 맞혀 팀 포인트를 획득하도록 기여하는 도전	유
스캐폴딩 피드백	• 자신이 맡은 부분을 학습하고 전문가 집단에서 서로 이해의 정도를 나누면서 이해를 위한 도움닫기용 피드백 공유 • 멀티게임인 골든벨 게임을 위해 팀원이 자신이 맡은 부분을 잘 이해할 수 있도록 도움닫기 피드백 제공	유

(4) 강의자료

강의자료는 크게 사전학습(Pre-Class), 본차시학습(In-Class), 사후학습
(Post-Class)으로 구분지어 제시한다. 수업에 활용된 수많은 자료가 있지만 이
책에서는 주요 내용만을 수록한다.

4	강의자료	사전학습	① 사전학습 자료원

학습자들이 자기주도학습을 할 수 있도록 사전에 LMS(학습관리시스템)에 수업과 관련된
자료(강의 콘텐츠)를 업로드하여 공유하였다.

사전학습 강의 동영상

4	강의자료	본차시학습	① 교수자 수업 자료

〈사전학습을 일깨우기 위한 본차시학습의 강의 구성〉

　영어학개론 수업은 학습자가 배운 내용을 기억하고 이를 기반으로 이후 강의 내용과 연결하고 응용하는 것이 중요하다. 사전학습으로 읽고 시청한 내용을 얼마나 이해하고 있는지를 확인하기 위해 메타버스 플랫폼, ZEP을 활용해 OX퀴즈 게임을 하였다. 이후 사전학습 내용을 강의로 간략하게 정리하고 본격적으로 'Level-up Morphology Game'을 진행하기 위한 게임 방식을 설명한다. 팀을 구성하고 팀원에게 고유번호를 부여한 후 해당 번호가 학습해야 할 분량을 할당한다.

〈Level-up Morphology Game〉

• Level 1: 제한된 시간 동안 자기주도학습으로 할당받은 부분을 학습한다.
• Level 2: 제한된 시간 동안 팀원들에게 자신이 학습한 내용을 가르친다.
• Level 3: 같은 부분을 학습한 학습자들이 만나 '전문가 집단'을 형성하고 골든벨 게임에서 진행할 퀴즈 문제를 상, 중, 하의 난이도에 맞게 각각 한 문제씩 출제하며 심화학습을 한다. 퀴즈 문제는 교수자에게 제출한다.
• Level 4: 자신의 팀으로 돌아와 전문가 집단에서 학습한 내용을 공유하며 팀원들을 가르친다.
• Level 5: 전체 학습자가 참여하는 골든벨 게임 진행한다. 난이도별로 포인트를 차등으로 지급하고 힌트가 필요하면 해당 부분을 맡은 학습자가 도움을 줄 수 있는데, 이 힌트의 기회를 사용하면 받을 수 있는 포인트에서 일정 포인트를 차감하기 때문에 힌트를 신중하게 결정할 필요가 있다. 포인트 기록을 위해 강의실 칠판에 팀과 팀원 번호를 적고 맞힌 학생의 번호 옆에 포인트를 기록한다.

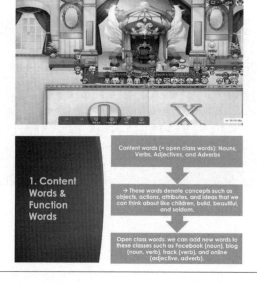

4	강의자료	본차시학습	② 능동학습 자료 (토론, 협동학습, 문제 해결 학습 등)

본차시학습은 토론, 협동학습, 문제 해결 학습 등으로 학습자들의 자기주도적 능동학습 방식으로 주로 운영된다. 직소모형 방식은 학생을 팀으로 분류하고 학생 한 명당 학습해야 할 할당량을 나누어 제공한다. 제한된 시간 내에 할당받은 부분을 학습하고 학습한 내용을 팀원들에게 설명하며 가르친다. 이후 같은 부분을 학습한 학생들이 모여 전문가 집단을 형성하고 제한된 시간 동안 심화학습을 진행하면서 골든벨 게임에서 사용될 퀴즈 문제를 상, 중, 하의 난이도별로 각각 한 문제씩 출제한다. 이와 관련된 자료는 다음과 같다.

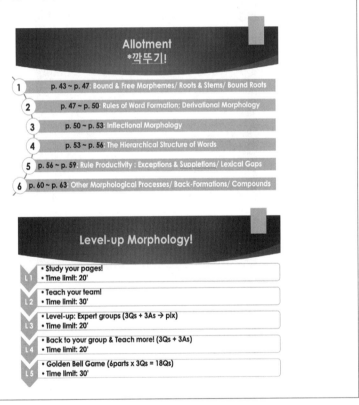

Allotment
깍뚜기!

1 p. 43 ~ p. 47: Bound & Free Morphemes/ Roots & Stems/ Bound Roots
2 p. 47 ~ p. 50: Rules of Word Formation; Derivational Morphology
3 p. 50 ~ p. 53: Inflectional Morphology
4 p. 53 ~ p. 56: The Hierarchical Structure of Words
5 p. 56 ~ p. 59: Rule Productivity : Exceptions & Suppletions/ Lexical Gaps
6 p. 60 ~ p. 63: Other Morphological Processes/ Back-Formations/ Compounds

Level-up Morphology!

L 1
• Study your pages!
• Time limit: 20'

L 2
• Teach your team!
• Time limit: 30'

L 3
• Level-up: Expert groups (3Qs + 3As → pix)
• Time limit: 20'

L 4
• Back to your group & Teach more! (3Qs + 3As)
• Time limit: 20'

L 5
• Golden Bell Game (6parts x 3Qs = 18Qs)
• Time limit: 30'

4	강의자료	본차시학습	③ 학습평가 자료

본차시학습은 학습자들의 자기주도적 능동학습이 주로 운영되는데 그 과정에서 개인의 학습자료를 평가받는 과정평가가 이루어진다. 직소모형의 수업은 전문가 집단에서 심화학습을 할 때 골든벨 게임에서 사용할 퀴즈 문제를 상, 중, 하의 난이도로 각각 한 문제씩 출제하고 이를 교수자에게 제출한다.

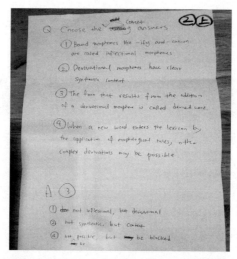

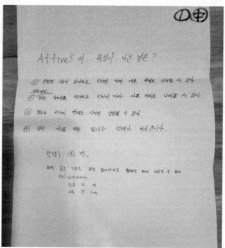

교수자는 이 퀴즈 문제들을 취합해 골든벨 게임을 하면서 심화학습을 유도한다. 골든벨 게임에서 각 팀별 포인트는 학생 번호로 칠판에 표기하고 문제를 맞힌 학생에게 포인트를 부여하는 방식으로 골든벨 게임을 진행한다. 이와 관련된 자료는 다음과 같다.

4	강의자료	사후학습	① 수업과제물

〈학습내용 팀별로 e-class로 제출; 학습성찰 일지; 메타버스 ZEP 골든벨 게임〉

　학습자는 자신이 맡은 부분에 대한 학습내용을 팀별로 정리해서 취합한 후 e-class로 제출한다. 이후 교수자는 팀별로 정리한 자료를 전체 학생들에게 공유하여 후속 심화학습이 가능하게 한다.

🏠 > 영어학개론 > 9주차 [4월27일 - 5월03일] > [팀별 내용 정리] A, B, C, D, E, F, G팀

[팀별 내용 정리] A, B, C, D, E, F, G팀

1.
오늘 나눠서 공부한 Morphology에서 자신이 맡은 분량을 정리해서 한글 혹은 워드 파일로 제출하세요. (한글/ 영어 모두 괜찮습니다. 자신이 공부가 되는 언어로 정리하세요.)
정리한 부분에 자신의 이름을 꼭 적으세요. 팀원이 모두 기여해야 합니다

[W9] Morphology_팀별 정리

FRANCHOI371　23/05/09 12:49 UTC

E팀

Morphology 자료 정리 - E조
20200052 이산우, 20210242 노유진, 20220103 이채영,
20220340 이아영, 20220341 이해민, 20220602 이시현

20220341 이해민
우리는 각 형태소와 그 형태소를 결합할 규칙에 대한 형태학적 지식을 갖추고 있다. 특정 형태소들이 혼자 쓰이거나 다른 기존 형태소와 합체해야 한다는 내용을 안다. 형태소는 자립 형태소와 의존 형태소로 나뉜는데, 자립 형태소는 boy, desire, 그리고 man처럼 그 자체만으로 의미를 가지는 구성어가 될 수 있다. 의존 형태소는 단어가 아닌, 단어의 일부이거나 접사가 아래 속한다. 접사는 un-, pre-와 같이 자립 형태소의 앞에 붙는 접두사, -ish, -ness, -ly와 같이 자립 형태소의 뒤에 붙는 접미사가 있다. 많은 언어에서 접두사와 접미사가 존재하지만, 언어마다 형태소를 두는 방식이 다르다. 한 언어에서 접두사로 쓰인 언어에서 접미사가 될 수 있고, 영어에서 복수 형태소 -s와 -es는 접미사이지만, 멕시코 언어에서 ka-로 접두사이다.
어느 접사가 붙느냐에 따라 표현할 수 있는 의미가 달라진다. 영어에서 동사에서 파생해 명사를 만들 때 접사를 첨가하지 않아도 되지만, 터키어에서 -sski는 접미사를 붙인다. 또는 "서로"의 의미를 내기 위해 영어에서는 each other라는 구를 사용하지만, 터키어에서는 동사에 -sh 또는 -ish를 붙인다. 페루어에서, "cause to"라는 구 대신 -kaka라는 접미사가 붙는다. 가톨어에서는 "in"이라는 장소 전치사 대신 명사에

E조 파일
HWP 문서
PADLET DRIVE

[W9] Morphology_팀별 정리

FRANCHOI371　23/05/09 12:49 UTC

E팀

Morphology 자료 정리 - E조
20200052 이산우, 20210242 노유진, 20220103 이채영,
20220340 이아영, 20220341 이해민, 20220602 이시현

20220341 이해민
우리는 각 형태소와 그 형태소를 결합할 규칙에 대한 형태학적 지식을 갖추고 있다. 특정 형태소들이 혼자 쓰이거나 다른 기존 형태소와 합체해야 한다는 내용을 안다. 형태소는 자립 형태소와 의존 형태소로 나뉜는데, 자립 형태소는 boy, desire, 그리고 man처럼 그 자체만으로 의미를 가지는 구성어가 될 수 있다. 의존 형태소는 단어가 아닌, 단어의 일부이거나 접사가 아래 속한다. 접사는 un-, pre-와 같이 자립 형태소의 앞에 붙는 접두사, -ish, -ness, -ly와 같이 자립 형태소의 뒤에 붙는 접미사가 있다. 많은 언어에서 접두사와 접미사가 존재하지만, 언어마다 형태소를 두는 방식이 다르다. 한 언어에서 접두사로 쓰인 언어에서 접미사가 될 수 있고, 영어에서 복수 형태소 -s와 -es는 접미사이지만, 멕시코 언어에서 ka-로 접두사이다.
어느 접사가 붙느냐에 따라 표현할 수 있는 의미가 달라진다. 영어에서 동사에서 파생해 명사를 만들 때 접사를 첨가하지 않아도 되지만, 터키어에서 -sski는 접미사를 붙인다. 또는 "서로"의 의미를 내기 위해 영어에서는 each other라는 구를 사용하지만, 터키어에서는 동사에 -sh 또는 -ish를 붙인다. 페루어에서, "cause to"라는 구 대신 -kaka라는 접미사가 붙는다. 가톨어에서는 "in"이라는 장소 전치사 대신 명사에

E조 파일
HWP 문서
PADLET DRIVE

　또한 '학습성찰 일지'에 직소방식으로 학습한 내용을 정리하게 하여 자기주도학습을 강화한다. 특히 게이미피케이션을 적용한 직소방식의 새로운 수업을 경험하고 이에 대한 경험을 성찰 일지에 기록하게 하여 학생들에게 도움되는 학습방식을 깨닫는 기회를 제공한다. 게이미피케이션을 적용한 직소방식의 수업을 진행한 후 다음 주차에 앞서 배운 내용에 대해 메타버스 플랫폼을 활용한 '골든벨 게임'을 플레이하며 내용을 상기시키고 장기기억으로 남길 수 있는 계기를 만든다.

10주차 수업에서 형태론 내용으로 메타버스 ZEP 골든벨 게임

출처: http://zep.us/

(5) 시험자료

지필고사 형태로 중간고사와 기말고사로 학업 성취도와 학습 충실도를 평가한다.

5	시험자료	중간/기말 시험	문제지

2023년 1학기 영어학개론 중간고사

학번:_____ 이름:_____

※ Points: Multiple choices: 4p.× 12 Qs/Open-ended Qs: 10p.× 1Q + 6p.× 7Qs =100p.
※ Deduction rules: ① misspelling ② grammatical errors ③ less readable sentences

1. Choose all the correct statements. [4p.]

① Descriptive grammar explains how we speak and understand and how we can judge the grammaticality of a sentence.
② Children continuously accumulate adult linguistic knowledge points to the existence of an innate component of language development.
③ Universal grammar is biologically part of our innate language ability and a component of innate language ability that children are born with.
④ Many English grammarians wished to prescribe the rules of grammar, which gave rise to the writing of prescriptive grammars.
⑤ Sign languages show that the ability to hear or produce sounds is not a prerequisite for language acquisition.

2023년 1학기 영어학개론 기말고사

학번:_____ 이름:_____

※Points: Multiple choices: 4p.× 8Qs/Open-ended Qs: 8p.× 6Qs +20p.× 1Q =100p.
※Deduction rules:① misspelling ② grammatical errors ③ less readable ④ language

1. Choose the two incorrect statements. [4p.]

① Phonology is the study of speech sounds.
② Pragmatics is the study of extra-truth-conditional meaning and how context affects meaning.
③ Syntax is the study of phrase and sentence structure.
④ Phonetics is the study of sound patterns.
⑤ Semantics is the study of the linguistic meaning of morphemes, words, phrases, and sentences concerned with the meanings of words and the meaning relationships among words.
⑥ Morphology is the study of the internal structure of words, and of the rules by which words are formed.

(6) 과제물

자기성찰 일지를 작성하여 복습을 유도하고 이를 학생 참여도 항목으로 평
가에 반영한다.

〈학습성찰 일지 샘플: 형태론 정리 및 직소방법론 경험〉

[일부 발췌]

'Morphology: The Word of Language' 내용을 정리해 보세요.

1. Content words(내용어): 단어 안에 명확한 뜻이 있는 것을 말하며 명사, 동사, 형용사, 부사
   로 네 가지 형태가 있다. children이라고 하면 어린이라는 뜻을 담고 있는 것처럼, 이 단어
   들은 구체적인 뜻, 사물 혹은 속성 등을 담고 있다. 즉, 뜻이 있는 단어라고 이해할 수 있
   다. open class words라고도 불려 단어가 열려 있어 계속해서 추가할 수 있다는 특징을
   갖고 있다.
2. Function words(기능어): and, or, but과 같은 접속사를 포함하며 이들은 관련 내용을 명확
   히 하고 있지 않다. 접속사, 전치사, 관사, 대명사와 같은 것들이 해당된다. a와 an은 부정
   관사로 새로운 어떤 관사가 추가되지 않아 closed class words라고도 불린다. 하지만 이
   런 기능어가 빠지면 메세지 전달이 되지 않기 때문에 반드시 필요하다.
3. 내용어는 명사, 동사, 형용사, 부사를 의미한다. 이 단어들은 물건, 행동 등과 같은 것이다.
4. 기능어는 명백한 개념을 가지고 있지 않은 것을 의미한다. 예를 들어, 접속사나 전치사와
   같은 것이다.
5. 형태소는 더 이상 분리될 수 없는 최소한의 단위이다. 형태소는 의미로나 문법적인 기능
   으로서 더 이상 분석될 수 없다. 모든 단어는 하나 또는 더 많은 형태소로 구성되어 있다.

[W9] "Morphology: The Word of Language" 강의 중, 'Self-study ─ Teaching each other
─ Expert group study ─ Teaching your teams ─ Golden Bell Game' 과정에서 좋았던
점, 아쉬웠던 점 등의 경험을 적어 보세요.

- teaching your teams 시간이 가장 좋았다. 서로가 서로에게 튜터와 튜티가 되어 재밌게 공부
  할 수 있었다. 아쉬웠던 건 시간이 부족해서 골든벨 문제가 잘 다듬어지지 않았다는 점이다.
- expert group study 과정에서 문제를 조금 더 다양하게 생각하고 공유할 수 있어서 좋았
  다. self-study 시간이 부족하여 제대로 이해가 안 되고 정리가 안 된 상태에서 팀원들에
  게 알려 주게 되어 팀원들이 이해를 못 한 것 같아 아쉬웠다. 또한 팀원들의 내용이 잘 기
  억에 남지 않아 아쉬웠다.
- 좋았던 점: 다른 학우들에게 알려 줘야 한다는 마음에 더 꼼꼼히 공부하고 알려 줄 수 있
  는 기회가 있어서 좋았다.
- 아쉬웠던 점: 내가 이 내용을 제대로 학습한 게 맞는지에 대한 의구심이 들어서 조금 힘들었다.

(7) CQI 보고서

학생들이 한 학기 동안 적극적으로 수업에 참여하면서 작성한 학습결과물을 제시한다.

7	CQI 보고서	① 교과목 평가 분석

A. 교과목 정보 및 핵심역량

교과목명	영어학개론	개설학기	2023년 1학기
담당 교수	최○○	이수구분/ 학점	전공선택/ 3학점
수강 학년	2, 3, 4학년 혼합	수강인원	47명

핵심역량 반영비율	(가) ○○대 3대 핵심역량		
	언어소통능력- 외국어활용능력	영어 콘텐츠 분석 및 활용 능력- 영문 자료 이해 능력	영어권 문화 및 세계문화 이해 능력- 영어권 문화 이해 능력
	30%	40%	30%

B. 교과목 설계 및 실행 평가

항목	문항	전혀 그렇지 않다 ↔ 매우 그렇다				
수업 목표	1. 교과목 핵심역량을 고려하여 수업 목표를 수립하였는가?	①	②	③	④	⑤
	2. 교과목 수업 목표는 90% 이상 달성되었는가?	①	②	③	④	⑤
교과 내용	3. 강의계획서에 제시된 교과목 내용을 모두 다루었는가?	①	②	③	④	⑤
	4. 교과 내용은 수강생 특성과 수준을 고려하여 선정하였는가?	①	②	③	④	⑤
수업 방법	5. 수업 방법은 수업 목표를 달성시키기에 적합한 방법으로 적용되었는가?	①	②	③	④	⑤
	6. 교육 효과를 최대화하기 위한 협동 수업 방법을 적용하였는가?	①	②	③	④	⑤
평가방법	7. 수업 목표 달성을 위한 적절한 평가방법이 선정되었는가?	①	②	③	④	⑤
	8. 평가과제에 타당하고 구체적인 채점기준을 제공하였는가?	①	②	③	④	⑤

종합분석 의견	영어학 관련 이론 및 지식의 내재화가 주요 내용인 교과목으로 학습자의 인지력을 강화하기 위해 플립러닝을 적용함. 또한 학습자의 적극적인 참여와 몰입을 유도하기 위해 게이미피케이션을 적극적으로 활용함. 대그룹 강의로 토론 방식을 2~3인 토론으로 진행하고, 토론한 내용에 대해 에듀테크 플랫폼(Padlet)을 활용해 실시간으로 공유하며 온라인에서 다른 그룹 간의 소통을 유도함. 이러한 협력학습은 소극적인 성향의 학습자에게도 적극적으로 학습사태에 참여하도록 유도할 수 있었고 교수자 중심의 강의식 내용 전달 수업이 되기 쉬운 이론 과목에서도 토론을 통한 협동학습이 가능함을 확인할 수 있었음. 학습자들이 토론을 통해 동료 학습자의 생각을 알 수 있었던 점을 긍정적으로 인식함. 아울러 직소방법론을 체험하면서 자신의 학습내용을 동료 학습자에게 가르치고 이를 점검하기 위한 골든벨 게임 방식은 지식의 내재화뿐만 아니라 지식을 구조화함에 있어서 긍정적인 기여를 하였음.

7	CQI 보고서	① 교과목 평가 분석

C. 교과목 성과 평가

항목	문항	전혀 그렇지 않다 ↔ 매우 그렇다				
내용 이해도	1. 학생들은 전반적으로 교과 내용을 이해하였는가?	①	②	③	④	⑤
	2. 게이미피케이션을 적용한 플립러닝이 학습내용을 이해하는 데 효과적이었는가?	①	②	③	④	⑤
학업 성취도	3. 게이미피케이션을 적용한 플립러닝은 교육 목표를 달성하는 데 효과적이었는가?	①	②	③	④	⑤
	4. 게이미피케이션을 적용한 플립러닝은 학습자 변화(지식, 기술, 태도)에 효과적이었는가?	①	②	③	④	⑤
성적 평가	5. 학생들은 본 교과목 성적 평가방식에 만족하였는가?	①	②	③	④	⑤
	6. 타 교과목에 비해, 성적 평가결과에 대한 학생들의 이의제기가 감소하였는가?	①	②	③	④	⑤
수업 만족도	7. 학생들은 게이미피케이션을 적용한 플립러닝 운영 방식에 만족하였는가?	①	②	③	④	⑤
	8. 수업의 중간 시점에 비해 학기말 시점에 학생들의 수업만족도가 향상되었는가?	①	②	③	④	⑤
종합분석 의견	본 교과는 대그룹으로 운영되어 메타버스 플랫폼을 활용한 Multi-game 방식을 채택했으나 학생 수에 따라 오프라인 현장에서 적용할 수 있는 다양한 게임과 게임 방식도 적용이 가능함. 또한 학습자의 기여도를 향상하기 위한 효율적인 시스템을 함께 활용할 필요가 있음.					

7	CQI 보고서	① 교과목 평가 분석

D. 교과목 운영 평가

항목	문항	전혀 그렇지 않다 ↔ 매우 그렇다				
타당성	1. 본 교과목을 운영하기에 게이미피케이션을 적용한 플립러닝이 적합했는가?	①	②	③	④	⑤
효과성	2. 게이미피케이션을 적용한 플립러닝은 학업 성취도에 효과가 있었다고 생각하는가?	①	②	③	④	⑤
효용성	3. 게이미피케이션을 적용한 플립러닝을 통해 학습자와의 소통은 원활해졌는가?	①	②	③	④	⑤
적용 가능성	4. 다른 교과목에도 게이미피케이션을 적용한 플립러닝을 적용할 의사가 있는가?	①	②	③	④	⑤
	5. 다른 교수자에게 게이미피케이션을 적용한 플립러닝 수업 운영 방식을 추천하겠는가?	①	②	③	④	⑤

1. 게이미피케이션을 적용한 플립러닝 운영 시 가장 중요한 부분은 무엇인가?

• 학습자 분석: 학습자 성향 분석, 적극적인 참여를 유도하기 위해 진행 과정을 명시적으로 설명함.
• 교과목 분석: 이론 중심의 강의의 경우 학습내용을 암기하는 수동적인 학습이 되기 쉬우나 게이미피케이션을 적용한 플립러닝을 운영하면서 학습자들은 협동학습을 통해 학습한 내용에 대한 지식을 구조화하고 활용하여 효과적으로 표현하는 데 기여함.

2. 게이미피케이션을 적용한 플립러닝의 장점은 무엇인가?

• 게이미피케이션을 적용한 플립러닝은 교수자와 학습자의 소통을 강화할 수 있음.
• 이 방식을 통해 학습자는 지식의 내재화를 위한 지식의 구조화를 보다 수월하게 수행할 수 있었음.
• 학습동기가 강화되어 지식을 효과적으로 전달하기 위해 어떠한 방식으로 시간 관리를 하고 목표 관리 및 학습방식을 선택해야 하는지 등 자기주도적 학습 및 자기조절 학습에 직접적인 도움을 주었음.
• 매주 예습과 복습을 하면서 이론 중심의 내용을 장기기억으로 만드는 데 도움을 주었음.
• 단계별로 수행해야 하는 작업이 세분화되어 제공되기 때문에 학업 성취도가 낮은 학생들에게 자존감을 회복하는 데 실질적인 도움을 줄 수 있음.
• 학생들의 개별화 맞춤 학습이 가능하여 학업 성취도 향상에 도움을 줄 수 있음. 특히 중하위권 학생들의 학업 성취도 향상에 효과적임.
• 동영상 강의와 다양한 수업 자료원을 통해 반복 학습이 가능함.
• 강의 시간 내, 다양한 응용문제를 다루고 해결하는 과정을 통해 실천학습이 수월함.
• 수업의 주도권이 교수자에서 학습자로 전환되기 때문에 학습참여가 활발해짐.
• 강의를 보고 듣는 방식에서 동료 학습자와 토론하고 가르치는 방식을 경험하면서 능

동적으로 학습하는 분위기로 변화함. 강의 시간에 졸거나 다른 활동을 최소화할 수 있었음.
- 개별 학습을 토대로 팀 학습방식의 문제 해결을 경험하면서 학습자 간의 소통이 원활해지고 인성에도 긍정적인 기여를 함.
- 게이미피케이션을 적용한 플립러닝 수업을 한 후 다음 차시에서 팀별 학습내용 정리와 사후 성찰 일지에서 요약 내용을 공유하면서 반복 학습을 유도할 수 있음.
- 교수자의 생산성이 높아지고 교수역량이 향상됨.

3. 게이미피케이션의 단점은 무엇인가?

- Pre-Class를 적극적으로 수행하지 않은 학습자들은 In-Class 할당량을 학습한 후 동료 학습자를 가르치는 방식이 부담될 수 있음.
- 학습자들의 적극적인 사전학습참여를 유도하기 위해 게이미피케이션을 적용하는 범위를 In-Class 중심이 아닌 IPIP로 적용해 지속적인 성장을 확인하도록 할 필요가 있음.
- 지속적인 누적을 할 때 중도탈락자에게 만회할 기회를 주는 것이 매우 중요함. 약간의 포인트를 잃더라도 끝까지 참여하도록 유도하는 게임적 장치가 반드시 마련되어야 전체의 학습자들이 학습사태에 관심을 갖고 몰입하면서 성공적인 학습과정을 수행할 수 있음.

4. 게이미피케이션을 적용한 플립러닝을 운영하면서 가장 큰 변화는 무엇인가?

- 학습자들의 자기주도적 학습태도 변화: 게이미피케이션을 적용한 플립러닝 방식으로 진행하지 않았을 때에는 학습자들이 다소 소극적으로 배운 내용을 정리하였음. 이 방식으로 전환한 이후에 학습자들은 자신이 학습한 내용을 동료 학습자에게 가르쳐야 한다는 생각으로 사전, 사후학습을 보다 철저히 수행했고 학습동기가 강화되었음을 사후 성찰 일지를 통해 확인함. 강의 중 진행하는 게임 방식은 자신의 학습수준이 '레벨업'되는 몰입감을 경험하였음. 이론 중심의 수업에서 이러한 협동학습방식의 적용은 소극적이고 수동적인 학습자를 적극적이고 능동적인 학습자로 변화하게 하면서 자기주도력 향상을 경험하고 학업 성취도에도 긍정적인 기여를 확인함.

5. 자신만의 게이미피케이션을 적용한 플립러닝 성공 전략이 있다면 무엇인가?

- REEMS와 WOW & AHA 전략: 학습자의 의미 있는 성장을 도모하기 위한 REEMS와 WOW & AHA는 학습자의 성장을 위한 전략임.
- Reflection(성찰)
- Enjoyable(즐겁고)
- Effective(교육적으로 효과가 있고)
- Memorable(기억에 남을 만하고)
- Sustainable(지속 가능한)
- 배움 경험(learning experience)을 설계하였는지를 이 다섯 가지 키워드로 점검하고 학습자들이 즐거울 때 "Wow!", 깨달음이 있을 때 "Aha!"의 감탄사로 표현하는지를 관찰함.

7	CQI 보고서	② 향후 교과목 운영 개선 계획(교수자 수업 성찰)

게이미피케이션을 적용한 플립러닝 수업은 학습자 중심의 교수방법으로 학습자의 성찰(reflection)을 강화할 수 있다. 이를 위해 교수·학습설계 단계와 실행 단계 및 실행 이후 단계에서 학습자의 인지와 메타인지력을 강화하는 데 초점이 맞춰져야 한다. 또한 학습자들은 이 과정을 경험하면서 자신의 인지력과 메타인지력이 강화되고 있음을 깨닫고 지속적인 성장을 만들어 나가는 데 기쁨과 성취감을 느끼도록 교수자가 피드백을 줄 필요가 있다.

게이미피케이션을 적용한 플립러닝 NABI 교수·학습모형대로 강의를 진행하면서 확연한 변화는 학습자들이 복습 중심에서 예습과 복습을 동시에 강화하는 학습패턴으로 변화하면서 인지능력뿐만 아니라 메타인지능력도 강화하는 데 실질적인 도움을 주었다. 그동안 암기식 공부 방법에서 학습한 내용을 동료 학습자에게 효과적으로 전달하기 위해서 어느 정도로, 어떻게 학습해야 가능한지를 게이미피케이션을 적용한 플립러닝 수업을 경험하면서 체화한 것으로 분석된다.

특히 이번 게이미피케이션을 적용한 플립러닝은 8주차 중간고사를 치른 다음 주차에 진행되었다. 따라서 학습자들이 사전학습 작업인 동영상 시청 및 영어 원서인 교재를 읽는 데 부담을 느낀 것으로 판단된다. 본차시학습에서 'Level-up Morphology' 게임 방식이 진행되고 사후 성찰 일지를 통해 학습자들이 깨달은 것은 사전학습에서 학습활동 수행이 본차시학습 작업에 직접적인 도움이 될 것임을 확인했다는 것이다. 이 방식의 수업 이후 학습자들은 보다 적극적으로 예습 및 복습을 실행하였고 이는 사후 성찰 일지를 통해 확인할 수 있었다.

7	CQI 보고서	② 향후 교과목 운영 개선 계획(교수자 수업 성찰)

게이미피케이션을 적용한 플립러닝 NABI 모형은 1회차, 단발성으로 진행되기보다 연속 2~3회차, 한 학기 최소 2~3회 정도 시행하면 학습자들이 자신의 학습력도 진단할 수 있고, 학습동기가 약화되는 시점에 부스터 역할을 하면서 동료 학습자들과 함께 공부한다는 생각으로 학습참여와 몰입감을 보다 높이는 데 긍정적인 기여를 할 것이다.

영어학개론 교과목 특성상 이론 내용을 암기하는 수동적인 방식이 되기 쉽다. 하지만 강의 시간 중에 동료 학습자를 가르쳐야 한다는 미션이 학습자를 좀 더 적극적으로 학습하게 하고, 그 과정에 몰입하게 하면서 학습내용 숙지도 가속화되었음을 관찰할 수 있었다.

게이미피케이션을 적용한 플립러닝 수업은 게임 방식을 운영하는 교수자의 성향이 중요하다. 처음에는 게이미피케이션도 플립러닝도 큰 부담이 될 수 있다. 저자들의 경우, 이 방식을 운영하는 과정과 돌발상황 등을 마음속으로 시뮬레이션하면서 부담감을 줄일 수 있었다. 또한 완벽한 게이미피케이션 방식, 플립러닝 방식은 교수자와 학습자 모두 부담스러울 수 있다. 따라서 애자일 방식을 적용하여 한 차시, 한 차시 운영하면서 학습자의 수준과 성향 등에 맞춰 세부 사항을 조정할 필요가 있다. 더불어 게이미피케이션 요소 적용도보다 학습자의 수준, 성향, 학습활동 참여의 적극성 등을 고려하여 보다 역동적인 방향으로 조절할 필요가 있다.

2. 게임 기획서 작성: 창의적 문제 해결 학습

1) 게이미피케이션을 적용한 플립러닝 NABI 교수설계 적용 배경

이 교과는 말 그대로 게임 기획서를 작성하는 것이 주된 내용으로, 게임 개발에 필요한 설계와 기획을 구체화하는 능력을 키우는 것이 목표이다. 또한 게임 개발의 기본적인 양식과 함께, 창의적인 아이디어를 실현하고 그것을 구체적인 기획서로 정립하는 자기주도적인 학습방식을 학생들에게 전하기 위하여 노력하였다. 사실 말이 쉽지 자기주도적인 학습습관, 즉 이 교과에서 원하는 자기주도적 학습습관인 '게임을 스스로 분석하고 문서화할 수 있는 능력'의 씨앗을 뿌려 주는 것은 사실 쉬운 일이 아니다. 창의성을 발현하는 연습을 하지 않은 상황에서는 더더욱 어려운 것이 현실이다. 하지만 반드시 필요한 능력이기에 보다 특별한 교수법에 대해 고민을 하고 본 수업을 운영하였다.

게임 기획서는 게임 개발 과정에서 가장 중요한 문서 중 하나이다. 학생들은 이 문서를 작성함으로써 게임 제작에 필요한 모든 요소를 제시하고 목표를 명확히 할 수 있다. 이 작업에는 게임의 설정, 이야기, 캐릭터, 게임 플레이 방식, 그래픽 디자인, 음향 효과 등 다양한 요소가 포함되며, 이를 통해 게임을 완성하기 위한 로드맵을 제시한다. 즉, 게임 개발을 위한 기본적이고 탄탄한 설계도 작업을 배우는 셈이다.

게임 기획서 작성은 회사와 작업자의 스타일마다 다르다. 얼핏 생각하면 정립된 개념이 없는 것을 가르친다는 것이 모순된 것 같지만, 정해진 양식이 없는 대신 어느 정도 표준화되어 있는 내용은 존재한다. 게임이란 콘텐츠가 가진 기본적인 틀을 하나하나 창조하고 그 내용을 문서화하는 것이다.

일반적으로 게임의 개요, 목표, 대상 플레이어, 게임 플레이 방식, 스토리, 레벨 디자인, 캐릭터 및 아이템 설계, 게임 시스템, 그래픽과 음향 디자인 등 다양한 섹션으로 구성된다. 이 양식은 개발자들 간의 원활한 의사소통과 프로젝트 관리를 위해 매우 중요한 지침으로 활용된다.

　이 과목은 단순히 문서의 양식을 맞추는 것 이상의 가치를 가지고 있다. 본인의 창의적인 아이디어를 발현하고, 그것을 구체화하여 실제 게임 기획서로 만드는 능력이 무엇보다도 중요하기 때문이다. 이를 위해 자기주도적인 학습방식이 강조되며, 학생들은 자신의 아이디어를 탐구하고 발전시키는 과정에서 창의성과 문제 해결 능력을 기를 수 있다.

　게임 기획서 작성은 단순한 문서 작성 과정을 넘어서, 학생들의 상상력과 창의력을 발휘하는 교과목이다. 스스로 게임 기획서를 작성할 능력을 갖췄다는 것은 게임 개발에 대한 심층적인 이해 및 향상된 기획 능력을 갖췄다는 것과 같은 의미이기 때문이다. 또한 현업에서 사용되는 프로세스와 도구들에 대한 이해도를 갖추고, 팀 프로젝트에서의 협업과 의사소통 능력을 키울 준비가 되어 있다고도 할 수 있다.

　게임 기획서 작성을 통해 학생들은 자신의 아이디어와 열정을 현실에 담아낼 수 있으며, 게임 개발 분야에서 성공적인 경력을 쌓는 기반을 다질 수 있다. 이 과목을 통해 학생들은 게임 개발자로서의 역량을 향상시키고, 실제로 현업에서 게임을 제작하는 과정에 참여할 준비를 갖출 수 있는 것이다.

2) 본차시학습에 적용된 대표 교수법

　이 교과는 학습자들의 창의적 문제 해결 역량을 개발하기 위해 다양한 토의·토론 및 비지시적 코칭 교수법을 수행하였다. 그중에서도 특히 확산적·수렴적 사고력을 강화하기 위한 토의 기법을 많이 사용하였는데, 대표적으로 라운드 로빈이라는 토론 기법을 활용하였다.

　라운드 로빈(Round Robin) 용어의 유래는 중세의 유럽에서 찾을 수 있다. 이 용어는 체스와 같은 토너먼트에서 참가자가 다른 모든 참가자와 순서대로 경기를 치르는 방식을 가리키는 데 처음으로 사용되었다.

이 방식의 핵심은 모든 참가자가 동등한 기회를 가지고 각각 차례로 진행하게 하는 것이다. 이런 의미에서 이 용어는 지금은 컴퓨터 과학, 운영체제의 프로세스 스케줄링, 네트워크 트래픽 제어 그리고 교수법으로 활용될 토론 방식 등 여러 분야에서 사용되고 있다.

라운드 로빈 토론에서는 이러한 원칙이 적용되어, 모든 참가자가 의견을 교환하고 공유할 기회를 동등하게 가진다. 이 방식은 대화의 흐름을 관리하고, 토론의 참여를 능동적으로 유도하며, 모든 참가자에게 의견 표현의 기회를 제공하고, 동등한 참여를 보장하기 위해 사용된다.

라운드 로빈 토론은 보통 다음과 같이 진행된다.

① 참가자 모두가 원형이나 반원형으로 앉는다. 이렇게 하면 모든 참가자가 서로를 볼 수 있으며, 이는 토론의 개방성과 상호작용을 촉진한다.

② 토론의 주제가 제시된다. 주제는 명확하고 이해하기 쉬워야 하며, 토론의 참가자들이 관심을 가질 수 있는 범위 내에 있어야 한다.

③ 토론자들은 차례로 의견을 제시한다. 일반적으로 한 사람이 말한 후에는 다음 사람이 그의 뒤를 이어서 말한다. 이런 방식으로 의견이 순환되므로 '라운드 로빈'이라고 불린다.

④ 모든 참가자가 한 번씩 의견을 제시한 후에는 다시 처음으로 돌아가서 두 번째 라운드가 시작된다. 이 과정이 반복되면서, 모든 참가자가 여러 번 의견을 제시할 수 있다.

⑤ 최종적으로 토론의 주제에 대한 공동의 이해 또는 결론에 도달하려고 노력한다.

이러한 방식은 토론 참가자 각각이 의견을 공유하고 다른 사람의 의견을 듣는 것을 보장하므로, 다양한 관점의 충돌과 공감을 통해 창의적인 생각이나 문제 해결 방안을 도출하는 데 효과적이다.

그런데 이 교과목 운영 사례에서는 라운드 로빈 방식을 그대로 적용하진 않왔고, 게임적인 요소를 추가적으로 적용하여 활용하였다. 게임에서는 늘 NPC가 존재한다. NPC는 'Non Player Character'의 약자인데, 플레이어가 아닌 다른 캐릭터를 통칭해서 부르는 용어이다. 게임 기획의 주요 요소들을 학생들이 하나씩 맡아서 해당 분야의 NPC가 되어 다른 학생들을 맞이한다. 예를 들어, A라는 학생이 게임 아이템이란 주제를 맡은 NPC가 된다면, 나머지 학생들이 이 A라는 학생을 찾아와 1:1로 게임 아이템의 주제를 A라는 학생에게 피드백을 받는 것이다. 총 일곱 가지의 주제로 NPC를 설정하여 라운드 로빈 형태의 토론을 벌였으며, 일곱 가지의 주제가 모두 끝난 학생들 순으로 NPC를 교체하여 자연스러운 순환구조를 만들었다. 자세한 것은 다음에 이어질 강의계획서와 수업 내용에 수록하였다.

3) 수업 운영 사례

해당 교과는 게임 기획서 작성을 목표로 게이미피케이션을 기반한 플립러닝 운영을 위해 다양한 수업 자료를 개발하고 운영하였다. 많은 교수자가 자신의 교과목을 운영하기 위해 다양한 노력을 행사하겠지만, 저자들의 경우 특히 이번 교과목은 사전에 면밀한 기획이 필요했고 원활한 수업 운영을 위한 다양한 준비작업이 필요했다. 그 과정에서 교과목 포트폴리오를 작성하면서 시행착오를 줄이고자 노력하였다. 이번 챕터에서는 수업 운영을 위한 세부적인 사항들을 교과목 포트폴리오에 입각해서 주요 항목 중심의 샘플 자료로 제시한다. 단, 포트폴리오에 명시된 세부내용(요소)은 모두 중요한 사항이지만 본 교과목의 예시 자료는 체크 표시된 일부 내용만을 수록하였다. 필요시 점검요소를 확인하고 자신의 교과목에 적용할 것을 권한다.

⊡ 표 5-2　**게이미피케이션 활용 플립러닝 교과목 포트폴리오 점검표**

번호	항목			세부 내용	
1	교과목 개요			☑ 교과목 소개, 교육 내용, 교육 방법	
2	강의계획서			☑ 강의계획서	
3	게이미피케이션 전략			☑ 게이미피케이션 요소(경쟁, 보상, 도전, 스캐폴딩 피드백)	
4	강의 자료	사전학습 (Pre-Class)	NA	☑ 사전학습 자료(강의 콘텐츠)	
				☑ 기타 사전학습 자료(hwp, ppt, pdf, article 등)	
				☑ 사전평가지(출석, 퀴즈, 문제은행, 수업계획서, work sheet 등)	
		본차시학습 (In-Class)	NABI	☑ 교수자 수업 자료	
				☑ 능동학습 자료(토론, 협동학습, 문제 해결 학습 등)	
				☑ 학습평가 자료(과정평가, 수행평가 등)	
		사후학습 (Post-Class)	BI	☑ 수업 과제물	수업 진도에 맞는 자신의 게임 기획서 작업
				☐ 학습성찰 일지	
5	시험 자료	중간시험		☐ 문제지	별도의 지필고사는 진행하지 않음. 교과목 특성상 7주차까지 작성한 게임 기획서 발표 평가를 하고, 완성된 게임 기획서의 내용 전반을 발표하고 평가함
				☐ 학생 모범 답안지	
		기말시험		☐ 문제지	
				☐ 학생 모범 답안지	
6	과제물			☑ 보고서 등	매주 수업 내용이 반영된 게임 기획서 발표
7	CQI 보고서			☑ 교과목 평가 분석(교과목 설계, 실행, 성과, 운영 평가)	
				☑ 향후 교과목 운영 개선 계획(교수자 수업 성찰)	

(1) 교과목 개요

게임 기획서 작성 교과목의 개요를 비롯해 교육 내용 및 교육 방법에 대하여 기술한다.

1	교과목 개요	① 교과목 소개, 교육 내용, 교육 방법

■ 교과목 소개

교과목명	게임 기획서 작성

□ 교과목 개관
- 선수과목에서 학습한 게임 기획의 다양한 지식을 활용, 실무에 준하는 게임 기획서를 제작하는 경험을 통해 전문 게임 개발자의 능력을 키운다.
- 자신만의 게임 기획을 통해 독창적인 부분과 재미의 부분을 문서화하여 개발자와 게임 이용자에게 전달하는 방법에 대해 심도 있게 탐구한다.

□ 교육 목표
- 현업에서 게임 기획서로 활용되고 있는 문서의 정형적인 폼과 주요 내용을 이해하고 분석한다.
- 현재 게임 콘텐츠의 시장 트렌드를 분석, 게임 기획에 적용하여 현업에서도 활용할 수 있는 게임 기획서를 작성하는 것이 주요 목표이다.
- 명작으로 일컫는 게임의 시스템과 컨셉 분석을 통해 역기획서를 제작하여 게임 콘텐츠가 지닌 기본적인 구성을 학습해 본다.
- 자신만의 독창적인 게임의 세계관과 캐릭터 등의 컨셉 구성을 위해 선행되어야 하는 인문적 소양 및 자료 수집과 분석 등을 학습한다. 이후 자신이 개발할 게임의 주요 시스템을 기획서로 작성해 본다.

■ 교육 내용

- 작은 모바일 게임일지라도 보통 최소 1년에서 3년 사이의 개발 기간이 필요한 것이 게임 개발이다. 장기 프로젝트이니만큼 논리적이면서 민첩한 게임 개발을 위해서는 알아보기 쉽게 명확한 문서양식으로 정리된 게임 기획서와 데이터 테이블은 필수적인 요소이다.
- 보통 기타 IT 개발은 UX와 명확한 기능 명세서의 정리가 중요하지만, 게임 개발에서는 '재미'와 '콘셉트'라는 콘텐츠로서의 특징이 함께 포함되어야만 한다. 이를 모두 포괄하여 문서를 작성할 수 있는 능력을 기르는 것이 본 강의의 주요 내용이다.

■ **교육 방법**

구분	수업구조		교수·학습법
	플립 러닝	**게임 요소**	
사전 학습	Pre- Class	**방향 찾기** (Navigate)	▷ 예시용 게임 기획서의 분석 ▷ 참고로 삼은 목표 상용 게임의 플레이 분석
		목표 정하기 (Aim)	▷ 차수별 자신의 게임 기획서 발표 내용 기획 ▷ 기획의 중점 사항에 대하여 핵심 정리
본차시 학습	In- Class	**방향 찾기** (Navigate)	▷ 액티브 러닝(Active Learning) 　– 토론(Discussion) 　– 작업하여 배우기(Learning by doing) 　– 동료 교수법(Peer to peer instruction) ▷ [교수자] 다음 차시에 반영해야 할 기획 내용에 대한 강의
		목표 정하기 (Aim)	▷ [교수자] 학습내용과 목표 공유 ▷ [학습자] 다음 차시에 포함시킬 기획 내용에 대하여 정의 및 아이디어 발현
		만들기 (Build)	▷ [학습자] 지난 차시에 준비한 기획서 내용 발표 ▷ [교수자] 발표한 게임 기획 내용에 대한 피드백
		실행하기 (Implement)	▷ [학습자] 발표 피드백 내용과 다음 차시의 기획 내용을 취합하여 다음 차시 발표 내용에 대하여 자기주도적 심화학습 수행
사후 학습	Post- Class	**만들기** (Build)	▷ In-Class의 교수자 피드백 부분을 게임 기획서에 반영 ▷ 이번 차시에 배운 수업 내용의 기획서 반영
		실행하기 (Implement)	▷ 재미의 요소 등 기획서를 더 개선할 수 있는 주요 요소에 대한 아이디어의 발현

(2) 강의계획서

게임 기획서 작성 교과목 수업 중 일부 차시를 예시로 실제 수업의 흐름 전개를 확인할 수 있는 강의계획서를 제시한다.

이 책에서는 총 두 차시의 강의계획서를 공유하였다. 첫 번째 예시로 든 수업은 총 15차시 중 9차시이다. 그간 학생들은 9주차 이전까지 게임 기획의 요소와 기획서 양식에 대하여 학습한 후에 학습자가 만들고 싶은 게임을 개별적으로 정의하도록 하는 과제를 계속해서 요구하였다. 자신만의 게임을 스스로 창작할 수 있는 과정을 계속해서 요구한 셈이다. 2학년 첫 학기이자 창의력을 발산하는 수업이 처음이라 학기 초에는 약간의 어려움은 있었지만 이내 잘 따라와 주었다.

7, 8주차가 되면서 학생들은 개인마다 만들고 싶은 게임의 주제와 특징을 정의하기 시작했고, 이에 맞춰 내가 모티브로 참고할 만한 게임을 스스로 정의하고 해당 게임의 장점과 특징에 대해 정리하여 발표할 수 있는 수준에 이르게 되었다.

2-1	강의계획서		② 주차별 강의계획서(예시)		
과목명	게임 기획서 작성	교수명	김○○	학년	2
단원(차시)	9주차	단원주제	게임 기획서 구체화	인원	18명
학습목표	지식(Knowledge): 알아야 할 것		기술(Skill): 할 수 있어야 하는 것	태도(Attitude): 갖추어야 할 가치나 태도	
	게임의 전체적인 목표와 방향성, 수집한 자료를 바탕으로 시스템과 콘텐츠 기획을 위한 창작 작업의 아이디어를 도출할 수 있다.		아이디어 발상 능력, 유사한 게임에 대한 분석 능력, 게임 아이디어 기획 능력, 게임시장 분석 능력, 게임사용자 분석 능력, 문서 작성 능력	발표능력 의사소통 의견수렴	

〈계속〉

Gamification Model in Flipped Learning 단계 선택 ☑		교수·학습활동	시간	비고 (출처, 방법론 등)
사전 학습 (Pre-Class)	☑ N	모티브로 삼은 게임의 플레이	20′	강의 동영상
	☑ A	모티브 게임의 구성요소의 분석 및 참고 시스템의 정의	30′	과제
본차시 학습 (In-Class)	☑ N	• 예시 게임의 콘셉트와 방향성의 분석 방법 학습 • 시스템 및 콘텐츠의 분석 방법 학습	10′	동료 리뷰
	☑ A	• 학습자가 준비한 기획서 발표	20′	
	☑ B	• 시스템 기획의 방향성과 논리적 결함, 수정 방안에 대하여 코칭	60′	교수자 코칭
	☑ I	• 코칭 피드백 내용과 금일 배운 내용의 기획서 적용 방안에 대하여 논리적 맥락 정리	10′	
사후 학습 (Post-Class)	☑ B	• 본차시학습에서 받은 피드백의 기획서 반영	10′	보고서
	☑ I	• 추가적인 재미의 요소에 대하여 학습자의 아이디어 증진과 반영	20′	
게임 구분	셀프게임(사전학습)	• 모티브 게임의 플레이와 게임 콘텐츠 분석		
	멀티게임 (본차시학습)	• 없음		
	셀프게임 (사후학습)	• 새롭게 추가하고 싶은 게임 기획의 요소 정리 • 해당 요소를 잘 구현한 기존 예시 게임의 플레이 및 분석 • 다음 차시에 발표할 기획서의 내용 준비		
평가 전략	사전학습 (Pre-Class)	• 시스템 기획의 개념을 명확하게 인지하고, 자신의 기획서에 잘 녹여 놓았는가?		
	본차시학습 (In-Class)	• 기획의 내용과 방향성이 모호하지 않고, 명확하여 코칭 피드백을 받아들여 더 발전시킬 준비가 되어 있는가?		

다음으로 게이미피케이션을 적용한 두 번째 강의계획서 예시를 제시한다.

앞서 예시로 준비한 수업은 '게임 기획서 작성' 수업의 9차시 수업이었다.

앞에서 설명했듯 본 수업은 '게임 기획서 작성'이란 과목으로 게임을 소재로

하고 있기 때문에 게이미피케이션과 관련된 수업 장치를 최대한 제외하였다. 학생들 스스로 게임의 소재와 아이디어를 발굴해야 하는 수업의 목적에 게이미피케이션의 요소들이 자칫 영향을 줄 수 있지 않을까 하는 판단에서였다.

하지만 게이미피케이션은 매우 강력한 교육 도구이다. 학습자 자신의 게임 기획서 구조가 어느 정도 틀이 잡힌 이후에는 게이미피케이션을 수업에 적용해도 큰 무리가 없을 것으로 판단하여, 13주차에 게이미피케이션을 적용한 수업을 수행하였다.

다음은 게이미피케이션을 적용한 수업의 강의계획서이다.

2-2	강의계획서		② 주차별 강의계획서(예시)		
과목명	게임 기획서 작성	교수명	김○○	학년	2
단원(차시)	13주차	단원 주제	게임 기획서 포트폴리오 초안	인원	18명
학습목표	지식(Knowledge): 알아야 할 것		기술(Skill): 할 수 있어야 하는 것	태도(Attitude): 갖추어야 할 가치나 태도	
	게임의 전체적인 목표와 방향성, 수집한 자료를 바탕으로 시스템과 콘텐츠 기획을 위한 창작 작업의 아이디어를 도출할 수 있다.		아이디어 발상 능력, 유사한 게임에 대한 분석 능력, 게임 아이디어 기획 능력, 게임시장 분석 능력, 게임사용자 분석 능력, 문서 작성 능력	발표능력 의사소통 의견수렴	
Gamification Model in Flipped Learning 단계 선택 ☑	교수·학습활동			시간	비고 (출처, 방법론 등)
사전 학습 (Pre-Class)	☑ N	시스템 기획의 기본 요소 파악		20′	
	☑ A	자신의 기획서에 있는 시스템 기획의 구체화		30′	

〈계속〉

본차시 학습 (In- Class)	☑ N	• 자신의 기획서 전반에서 구체화되어 있지 않은 요소의 발견	10′	라운드 로빈
	☑ A	• 기획서 구성요소를 보다 구체적으로 구성	20′	
	☑ B	• 게임의 일곱 가지 요소(캐릭터, 아이템, 장소, 이벤트 및 퀘스트, 스토리, 전투 및 전략, 게임의 포인트 시스템)의 세분화된 토론 수행	60′	
	☑ I	• 라운드 로빈을 통해 얻은 피드백을 통해, 자신의 기획서를 더욱 발전시킴	10′	
사후 학습 (Post- Class)	☑ B	• 라운드 로빈을 통한 피드백 내용의 분석	10′	
	☑ I	• In-Class에서 받은 피드백의 기획서 반영	20′	

게 임 구 분	셀프게임(사전학습)	라운드 로빈 활동을 위한 기획서의 구체화
	멀티게임 (본차시학습)	기획서 결과물에 관한 상호 간 피드백
	셀프게임 (사후학습)	피드백 내용을 기획서에 반영
평 가 전 략	사전학습 (Pre-Class)	수업과 피드백 받은 내용을 기획서에 잘 녹여 놓았는가?
	본차시학습 (In-Class)	상호 간의 기획서 피드백이 활발히 이루어졌는가?

(3) 게이미피케이션 전략

게임 기획서 작성 교과목에서 적용된 게이미피케이션 전략을 기술한다. 게이미피케이션 요소는 크게 경쟁, 보상, 도전, 스캐폴딩 피드백으로 구성하였다.

3	게이미피케이션 전략	
게이미 피케이션 요소	내용	유/무
경쟁	• 7인의 NPC에게 빠르게 통과를 받은 학생은 NPC의 역할을 바로 수행할 수 있다. NPC는 생각보다 큰 권한을 가지고 있다(기획서의 통과 권한).	유

	• 이 역할이 바뀌는 규칙 때문에 처음 NPC를 맡은 학생들은 성의 없는 피드백이나 너무 깐깐한 또는 논리적이지 않은 피드백을 할 수 없다. • 나중에 NPC 역할을 맡은 학생 역시 처음 NPC가 자신의 기획 내용을 같이 고민하고 도와줬던 경험 때문에 더욱 도와주게 된다. • 결국 각 요소별로 선의의 경쟁을 하게끔 유도한다.	
보상	• 게이미피케이션에 모두 보상이 포함되어야만 하는 것은 아니지만 효과적이기 때문에 활용을 하는 편이다. 하지만 본 활동에서는 보상을 일부러 배제하였다. • 학기 말에 점수를 평가받는 결과물에 관한 활동인 점을 감안하였다. 즉, 이 활동에 몰입한 것 자체가 성적에 직관적으로 연결되기 때문에 별도의 보상을 배제한다.	무
도전	• 자신이 관심없는 게임 기획의 요소나 장르 등을 설명하거나 설명을 듣고 피드백을 줘야 하는 상황이기 때문에 학생들 입장에서는 꽤 큰 도전이다. 하지만 반복이 되면서 자신의 기획서가 더욱 공고해지는 경험을 한다.	유
스캐폴딩 피드백	• 그간 자신과 교수자만 고민했던 게임 기획서의 내용을 다른 학생들과 함께 논의하면서 더 좋은 아이디어와 진행 방향을 찾을 수 있다. • 단순히 토론으로 열어 두면 어려울 수 있으나, 특정범위(NPC의 역할)로 좁혀 두었기 때문에 원활하게 진행된다.	유

(4) 강의자료

강의자료는 크게 사전학습(Pre-Class), 본차시학습(In-Class), 사후학습(Post-Class)으로 구분지어 제시한다. 수업에 활용된 수많은 자료가 있지만 이 책에서는 주요 내용만을 수록한다.

| 4 | 강의자료 | 사전학습 | ① 사전학습 자료원 |

학습자들이 자기주도학습을 할 수 있도록 사전에 LMS(학습관리시스템)에 수업과 관련된 자료(강의 콘텐츠)를 업로드하여 공유하였다.

자, 이제 콘텐츠 기획

게임 컨셉은 다양한 방식으로 변화시킬 수 있습니다. 슈퍼 마리오의 게임 컨셉을 변경하는 방법은 매우 다양합니다. 예를 들어, 다른 캐릭터를 사용하거나, 다른 장르로 변경하는 등의 방법이 있습니다.

예를 들어, 슈퍼 마리오를 피지컬 퍼즐 게임으로 변환해 볼 수 있습니다. 퍼즐 조각을 조합하여 레벨을 클리어하고, 도전적인 난이도를 높여가는 것이 목표가 될 수 있습니다. 또한, RPG 요소를 추가하여 캐릭터를 커스터마이징하고, 레벨업하며 여러 스킬을 배울 수 있도록 만들 수도 있습니다.

슈퍼 마리오를 다양한 장르의 게임으로 변환하는 것도 가능합니다. 예를 들어, 슈퍼 마리오를 FPS 게임으로 변환하여 몬스터와 싸우는 것도 가능합니다. 또는, 슈퍼 마리오를 대규모 전략 게임으로 변환하여 세계를 정복하는 것도 가능합니다.

다양한 방식으로 게임 컨셉을 변환하여 새로운 슈퍼 마리오 게임을 만들어 볼 수 있습니다.

내가 기획할 게임의 방향성은 어떻게 될까요?

만드는 피티 잘 모아 두세요!

1. 구현해야 하는 코어메카닉의 기획서 작성
2. 내가 만들고자 하는 게임의 방향성 정리 및 발표

여러분이 해야 할 것

핵심이 바로 코어 메카닉입니다.

무엇을 반복하는가? 그 부분이 원활히 원하는
재미를 내야 합니다.

내가 기획할 게임의 방향성은 어떻게 될까요?

• 먼저 방향성을 정리해야 합니다.

• High Concept!

| 4 | 강의자료 | 사전학습 | ② 기타 사전수업 자료 |

학습자들의 공부를 지원하기 위해 강의 콘텐츠 이외에 다양한 텍스트 자료(hwp, ppt, pdf, article 등)를 제시한다.

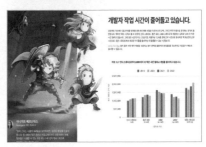
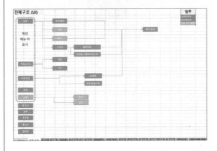

4	강의자료	사전학습	③ 사전평가지 (학습자용 수업계획서)

〈본차시학습에서 활용될 사전학습 선과제 결과물-1〉

예시로 든 프레젠테이션 자료는 학습자가 본차시학습에서 활용할 자료로서, 스스로 정의하고 기획하고자 하는 게임을 설명하는 자료이다. 이러한 자료는 학생이 능동적으로 자신의 학습을 계획하고 점검할 수 있는 좋은 자료로 활용할 수 있고 더불어 본차시학습에서는 동료 학습평가의 자료로도 활용할 수 있다.

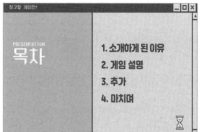

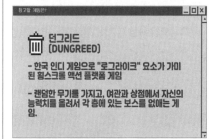

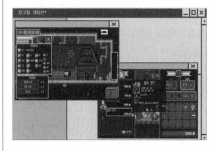

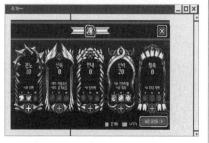

4	강의자료	사전학습	③ 사전평가지 (학습자용 수업계획서)

〈본차시학습에서 활용될 사전학습 선과제 결과물-2〉

　게임은 주요 시스템의 상호보완적 존재가 긴밀하게 돌아가면서 재미를 창출하기 때문에 자신이 기획하는 게임의 주요 시스템을 스스로 이야기하는 것은 매우 중요한 일이다. 그리고 이 내용, 즉 자신의 게임 기획서의 내용을 스스로 설명할 수 있어야 이번 차시의 게이미피케이션 활동에서 보다 주체적으로 참여할 수 있기 때문에, 다음의 이미지 주제를 사전학습 과제로 내주었다.

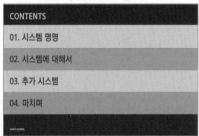

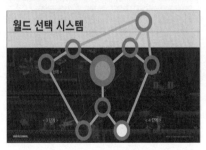
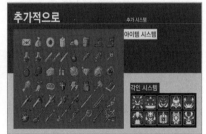

4	강의자료	본차시학습	① 교수자 수업 자료

〈사전학습을 일깨우기 위한 본차시학습의 강의 구성〉

수업 전 사전학습에서 교수자가 요청했던 내용을 학습자 모두가 수행하였다. 수행 내용은 자신이 게임 기획에 참고할 만한 레퍼런스 게임을 정의하고, 이에 따른 게임의 핵심요소를 찾아내는 것이었다.

하지만 이대로 레퍼런스 게임을 역기획만 하는 것은 사실 일정 부분 게임의 형식과 구현 방법을 고민하는 공부가 될 수는 있지만 자신의 창의력을 발휘하는 형태가 아니기 때문에 궁극적으로 큰 자산이 되진 못한다.

자신만의 생각과 게임을 구성하는 감각 그리고 시스템의 창의적인 조합 등, 소위 말해 실전 경험을 쌓는 일만이 창의적인 역량을 쌓아 줄 수 있는 가장 빠른 길이다. 창의성은 경험과 유연함에서 출발한다.

이렇게 자신만의 것을 하나씩 기획서에 녹여 가는 일을 진행하다 보면, 그 게임 기획서는 레퍼런스 게임의 내용이 아니라 자신만의 콘텐츠로 거듭나 있게 된다. 하늘 아래 새로운 것은 없지만, 새로운 조합은 존재하기 때문이다. 그 조합을 하는 방법과 절차 그리고 올바르고 신선한 조합을 찾는 감각을 스스로 익히게 만드는 것이 이 수업의 최종적인 목표 중 하나였다.

이를 위하여 게임의 방향성과 콘셉트의 명확화, 내가 기획하는 게임은 누가 즐길 것인지에 대한 타겟팅을 위한 전략 등 게임을 구체화하는 방법에 대하여 강의를 진행하였다.

4	강의자료	본차시학습	② 능동학습 자료

〈게이미피케이션 수업 차시의 본차시학습활동 사항(토론, 협동학습, 문제 해결 학습 등)〉

'게임 기획서 작성' 수업은 학습자들의 능동적 수업 태도가 매우 중요한데, 수업 내에서 지켜야 할 그라운드 룰을 설정하는 것도 좋은 수업전략이 될 수 있다. 이에 본차시수업에서 준비한 게이미피케이션의 기본적인 룰은 다음과 같다.

게임 기획서의 필수요소를 담당하는 7인의 NPC를 선발한다. 일곱 가지의 요소는 캐릭터, 아이템, 장소, 이벤트 및 퀘스트, 스토리, 전투 및 전략, 게임의 포인트 시스템으로 구성되어 있다.

각 NPC는 자리에 앉아 있고 NPC가 아닌 다른 학생들은 NPC 앞에 앉아 자신이 지금까지 기획한 게임의 구성요소 중 NPC가 담당한 요소를 NPC에게 설명한다. 만일 NPC가 듣고 납득이 가지 않거나 부족한 부분이 있다면 보완을 요청할 수 있다. 단, NPC가 요청한 내용은 반드시 수용해야 한다.

플레이어는 7명의 NPC에게 모두 통과를 받아야 한다. 통과를 받은 후에는 역할이 끝난 NPC와 임무를 교대한다.

만일 통과하지 못하면 기말과제를 위해 별도의 공부를 수행해야만 한다.

처음 NPC를 맡은 학생들도 자신의 기획서를 검증받아야 하기 때문에, NPC의 역할은 한 번 바뀌게 된다. 이때 NPC를 선택할 수 있는 권한은 가장 빠르게 통과받은 학생부터 받게 된다.

4	강의자료	본차시학습	③ 학습평가 자료

본차시학습은 학습자들의 자기주도적 능동학습이 주로 운영되는데 그 과정에서 개인의 학습자료를 평가받는 과정평가가 이루어진다. 피드백의 과정은 코칭 과정과 유사한 형태로, 학생들의 개인 발표 자료에 대해 수정사항과 발전 방향 등을 제시해 주는 과정이다. 즉, 현재의 결과물에 초점을 두는 것이 아니라, 피드백에 따른 고민의 정도가 매주 쌓이면 이미 타 학생과 비교할 수 없는 결과물을 얻는 과정이 본 평가이다.

이 수업이 게임 기획서를 작성하는 것인 만큼, 기존의 게임 룰을 분석하는 실습 역시 매우 중요하다. 룰을 분석하여 발표하는 과정도 평가의 일부분으로 적용하여 반영하였다.

뱅 레벨디자인

2022
2022
2022
2020
2022
2022
2022
2022

직업

총 4개의 직업이 있으며 직업마다의 승리조건이 다르다.
- 보안관 : 무법자와 배신자을 죽이면 승리한다. 자신의 최대 생명력은 +1한다.
- 부관 : 보안관을 도와주 하며 무법자와 배신자를 죽이면 승리한다. 보안관에 의해 죽었다면 보안관을 손에 들고 있는 카드와 자신의 앞에 놓인 카드를 모두 버린다.
- 무법자 : 보안관이 죽으면 승리한다. 무법자가 죽으면 자신을 죽인 플레이어는 카드 3장을 덱에서 가져온다.
- 배신자 : 자신 이외의 모든 자가 죽으면 제외한다.
++ 보안관을 제외한 모든 직업은 비공개해야 한다.

게임준비

1. 플레이어에게 각각 무작위로 직업카드를 하나씩 나눠준다.
플레이어 전체 인원수에 따라 분배되는 직업의 수가 다르다.
4인 : 보안관 1, 배신자 1, 무법자 2
5인 : 보안관 1, 배신자 1, 무법자 2, 부관 1
6인 : 보안관 1, 배신자 1, 무법자 3, 부관 1
7인 : 보안관 1, 배신자 1, 무법자 3, 부관 2

4	강의자료	사후학습	① 수업과제물

〈사후학습이자 동시에 다음 차시의 사전학습의 운영〉

다음 이미지는 앞서 사전학습의 예시 자료를 만들었던 학습자가 준비한 이 수업 사후학습의 결과물이다. 이 수업은 수업 초반 학습자의 발표로 수업이 시작되고, 이에 따른 교수자의 피드백을 개별적으로 진행했다. 이후 학생들의 발표가 모두 끝나면 교수자의 강의가 진행된다. 강의와 이에 따른 피드백을 수업 후에 자신의 게임 기획서에 반영해야 한다. 그렇게 수정한 발표자료는 자연스럽게 이번 수업의 사후학습이자, 다음 차시의 사전학습이 되는 것이다. 자연스러운 플립러닝을 수업에 구현하였다.

학습자는 자신이 벤치마킹한 게임을 토대로, 사후학습에서 자신의 기획서에 수업에서 배운 자신만의 콘셉트와 게임시스템을 반영하는 법을 넣었다. 즉, 자신만의 게임 기획을 완성하는 초석을 만든 것이다.

이번 차시 수업의 사전학습에서는 기존에 참고할 만한 게임, 내가 만들고 싶은 게임에만 머물고 있던 결과물이 더욱 구체화가 되면서, 나의 콘셉트와 내가 추구하는 재미의 방향, 게임의 전반적인 시스템 등으로 기획서가 점차 구체화되고 있는 모습이다.

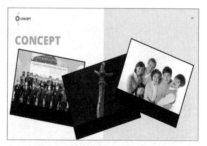

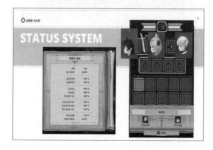

(5) 시험자료

해당 교과에서는 별도의 지필고사는 진행하지 않는다. 교과목 특성상 7주
차까지 작성한 게임 기획서 발표 평가를 하고, 완성한 게임 기획서의 내용 전
반을 발표하고 평가받는다.

5	시험자료	게임 기획서

〈본 강의의 최종 결과물, 학습자 발표자료〉

본 수업은 한 학기 동안 자신만의 게임 기획서를 완성하는 것을 목표로 하는 수업이다.
때문에 학습자의 별도 지식을 평가하는 시험을 치루는 것보다 하나의 완성된 결과를 스스
로 끌어 나가는 'PBL(Project-Based-Leaning)'에 가까운 형태의 수업으로 진행되었다.

매 차시 발표를 준비하고, 피드백을 받은 후 고민의 결과를 다시 문서에 반영하여 발표하
는 한 학기의 과정은 학습자에겐 사실 부담이 되는 교육과정이었을 것이다. 그럼에도 불구
하고 이 수업이 반드시 필요하고, 나의 실력을 높여 주는 수업이라는 확신이 학습자의 동기
부여를 제대로 이끌어 주었다. 그 덕분에 한 명의 낙오 없이 자신의 결과물을 만드는 결과
로 이어진 것이라 생각한다.

학습자는 수업을 마친 시점에 자신의 아이디어와 노력, 발전된 인지학습의 내용이 포함된
게임 기획서를 하나씩 완성할 수 있다. 그 완성된 결과물을 통해 성적을 평가했다.

평가의 경우 상대평가 수업으로 기획서의 수준별 차이와 수업 기간 내의 성실도, 출석 등
을 감안하여 평가하였다.

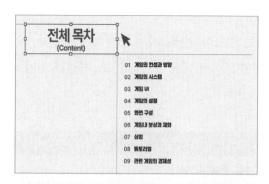

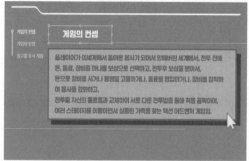

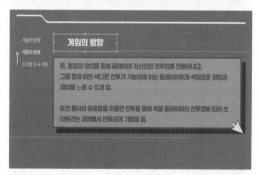

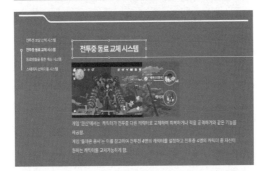

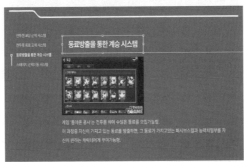

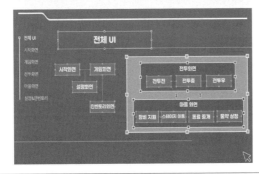

(6) CQI 보고서

학생들이 한 학기 동안 적극적으로 수업에 참여하면서 작성한 학습결과물을 제시한다.

6	CQI 보고서				① 교과목 평가 분석			
A. 교과목 정보 및 핵심역량								
교과목명	게임 기획서 작성		개설학기		23년 1학기			
담당 교수	김○○		이수구분/학점		3학점			
수강 학년	2학년		수강인원		18명			
핵심역량 반영비율	○○대 7대 핵심역량							
	창의	문제해결	지식정보활용	의사소통	대인관계	자기관리	직업윤리	감성지능
	30%	20%	15%	10%	10%	5%	5%	5%

B. 교과목 설계 및 실행 평가

항목	문항	전혀 그렇지 않다 ↔ 매우 그렇다				
수업 목표	1. 교과목 핵심역량을 고려하여 수업 목표를 수립하였는가?	①	②	③	④	⑤
	2. 교과목 수업목표는 90% 이상 달성되었는가?	①	②	③	④	⑤
교과 내용	3. 강의계획서에 제시된 교과목 내용을 모두 다루었는가?	①	②	③	④	⑤
	4. 교과 내용은 수강생 특성과 수준을 고려하여 선정하였는가?	①	②	③	④	⑤
수업 방법	5. 수업 방법은 수업 목표를 달성시키기에 적합한 방법으로 적용되었는가?	①	②	③	④	⑤
	6. 교육 효과를 최대화하기 위한 협동 수업 방법을 적용하였는가?	①	②	③	④	⑤
평가방법	7. 수업 목표 달성을 위한 적절한 평가방법이 선정되었는가?	①	②	③	④	⑤
	8. 평가과제에 타당하고 구체적인 채점기준을 제공하였는가?	①	②	③	④	⑤

2. 게임 기획서 작성: 창의적 문제 해결 학습

종합분석 의견	본 수업을 이끌어 가기에 매우 이상적인 수강생의 숫자 덕분에 좋은 결과를 낸 학생들이 많은 수업이었음. 하지만 창의적 아이디어를 발현하는 수업이 처음인 2학년 학생의 전공 수업이라, 초기 아이디어를 발현시키는 데 시간이 오래 걸림. 강의 후 평가 결과물은 만족스러웠지만, 결과물 위주의 수업이기 때문에 평가는 상대적으로 구체적인 기준을 마련하기 어려웠음. 최대한 객관적인 평가를 하고자 노력함.

C. 교과목 성과 평가

항목	문항	전혀 그렇지 않다 ↔ 매우 그렇다				
내용 이해도	1. 학생들은 전반적으로 교과 내용을 이해하였는가?	①	②	③	④	⑤
	2. 게이미피케이션을 적용한 플립러닝이 학습내용을 이해하는 데 효과적이었는가?	①	②	③	④	⑤
학업 성취도	3. 게이미피케이션을 적용한 플립러닝은 교육 목표를 달성하는 데 효과적이었는가?	①	②	③	④	⑤
	4. 게이미피케이션을 적용한 플립러닝은 학습자 변화 (지식, 기술, 태도)에 효과적이었는가?	①	②	③	④	⑤
성적 평가	5. 학생들은 본 교과목 성적 평가방식에 만족하였는가?	①	②	③	④	⑤
	6. 타 교과목에 비해, 성적 평가결과에 대한 학생들의 이의제기가 감소하였는가?	①	②	③	④	⑤
수업 만족도	7. 학생들은 게이미피케이션을 적용한 플립러닝 운영 방식에 만족하였는가?	①	②	③	④	⑤
	8. 수업의 중간 시점에 비해 학기 말 시점에 학생들의 수업만족도가 향상되었는가?	①	②	③	④	⑤
종합분석 의견	기획서 작성과 관련된 첫 수업이었던 만큼 아직 실무에서 활용 가능한 기획서를 작성할 수준까지 끌어올리진 못했지만, 자신의 창의력을 꺼내어 문서화하는 과정을 처음 경험하였다는 것을 감안한다면 교수자와 학습자 모두 충분히 만족할 만한 수업이었다고 판단함. 특히 플립러닝과 게이미피케이션의 활용을 통해 주어진 시간 대비 정말 많은 발전을 끌어낼 수 있었다는 것이 고무적이었음. 이 수업을 계기로, 다른 수업과 연계하여 훌륭한 인재로 발전할 수 있도록 최선을 다해 지도할 것임.					

항목	문항	전혀 그렇지 않다 ↔ 매우 그렇다				
D. 교과목 운영 평가						
타당성	1. 본 교과목을 운영하기에 게이미피케이션을 적용한 플립러닝이 적합했는가?	①	②	③	④	⑤
효과성	2. 게이미피케이션을 적용한 플립러닝은 학업 성취도에 효과가 있었다고 생각하는가?	①	②	③	④	⑤
효용성	3. 게이미피케이션을 적용한 플립러닝을 통해 학습자와의 소통은 원활해졌는가?	①	②	③	④	⑤
적용가능성	4. 다른 교과목에도 게이미피케이션을 적용한 플립러닝을 적용할 의사가 있는가?	①	②	③	④	⑤
	5. 다른 교수자에게 게이미피케이션을 적용한 플립러닝 수업 운영 방식을 추천하겠는가?	①	②	③	④	⑤

1. 게이미피케이션을 적용한 플립러닝 운영 시 가장 중요한 부분은 무엇인가?

- 교육적 목표가 어디에 있는지 명확하게 하고, 이 목표를 어떤 행동의 반복으로 이룰 것인지가 중요함. 본 수업에서는 게임 기획서 작성이라는 명확한 목표와 게임이 연관이 되어 있기 때문에 활발한 게이미피케이션의 활용을 지양했지만, 추후 아이디어의 구체화 과정에서는 매우 효과적으로 활용하였음.
- 본 수업의 게이미피케이션 활용의 목적은 '아이디어의 구체화'였으며, 이를 위해 1:1 토론을 지속적으로 반복시킴

2. 게이미피케이션을 적용한 플립러닝의 장점은 무엇인가?

- 잘 설계된 게이미피케이션의 경우, 교수자의 간섭과 개입 없이도 수업이 매우 원활하게 돌아가는 경우가 많음. 특히 학생들의 몰입도와 학습의지가 매우 증진하는 결과를 확인할 수 있었음.
- 여러 게이미피케이션 교수전략을 개발하여 차시별로 활용한다면 매우 큰 효과를 얻을 수 있을 것으로 판단함.

3. 게이미피케이션의 단점은 무엇인가?

- 간혹, 전혀 참여를 하지 못하는 학생을 만났을 때는 매우 당황스러움. 그리고 설계가 생각대로 되지 않았을 시에는 80%, 70%의 수업 진행이 아니라, 0%에 수렴하는 수업 진행이 될 경우도 있기 때문에 상당히 치밀한 준비가 필요한 것 역시 단점 중에 하나임.
- 학습목표에 맞는 형태의 게이미피케이션 설계를 하는 것이 생각보다 어려움이 있음. 이는 예시나 사례가 많이 없기 때문인데, 이런 부분을 공유할 수 있는 곳이 있다면 좋을 것으로 생각함.

〈계속〉

4. 게이미피케이션을 적용한 플립러닝을 운영하면서 가장 큰 변화는 무엇인가?

- 학생들의 몰입도가 매우 다름. 그리고 학습자가 수업시간에 즐거워한다는 것은 교수자에게 있어서는 매우 큰 보람 중에 하나임. 그 학습의 즐거움을 보다 손쉽게 이끌어 낼 수 있다는 것 자체가 매우 큰 장점이라 할 수 있음.
- 게이미피케이션의 운영은 학생들이 수업에 대하여 기대를 한다는 것에도 매우 큰 장점이 있음.

5. 자신만의 게이미피케이션을 적용한 플립러닝 성공 전략이 있다면 무엇인가?

- 너무 보상 위주로 구성하지 않고, 게이미피케이션 자체의 매커니즘에 몰입할 수 있도록 구성하는 것이 매우 중요하다고 생각함.
- 기존의 교육 게이미피케이션의 경우 보상체계를 중심으로 교육의 효과를 얻기 위해 구성한 경우가 많았는데, 그보다는 게임의 코어메커닉 위주로 설계된, 즉 무엇을 반복할 것인가에 대한 고민이 더 들어간다면 좋은 수업용 게이미피케이션 교수법을 개발할 수 있을 것으로 판단함.

6	CQI 보고서	② 향후 교과목 운영 개선 계획(교수자 수업 성찰)

본 수업에서는 창의성을 일깨워 주는 것이 가장 큰 목표였다. 우선 공과계열에서 프로그래밍을 전공한 학생들이기 때문이기도 했지만, 이제 게임을 비롯한 콘텐츠 산업에서 경쟁력은 좋은 프로그래밍 실력보다는 우수한 창의성에 기반할 확률이 매우 높아지고 있기 때문이기도 하다.

그럼에도 불구하고 처음 겪는 방식의 수업임에도 매우 잘 따라와 주었다. 물론 중간 차시 중 내가 요구한 방향성과 목표치에 충족하지 못한 경우도 있었다. 게임 시스템과 화면기획 부분이었는데, 이는 향후 수업에서 보다 자세한 사전수업과 예시 설명 등으로 보완하는 것이 필요할 것으로 판단했다.

공과계열 학생들이니 만큼 기획 데이터 테이블 구성에는 모두 강점이 있고 재미있어 했다. 이 부분은 HOW TO에 대해 간략한 설명과 실습으로 이어지면 꽤 좋은 결과로 나타났고, 향후 수업에도 반영할 만한 인사이트를 얻는 부분 중 하나였다.

이 수업은 1주차부터 15주차까지 하나의 흐름으로 계속 이어지는 형태의 수업이다. 중간에 병결이라도 발생하면 진도에 발맞추기가 어려웠던 것이 사실이었다. 하지만 수강인원의 적절성에 의해 그래도 개인적인 지도로 어느 정도 해결할 수 있었으나, 향후 수강생이 늘어나게 된다면 어떤 방식으로 수업을 진행해야 할지에 대한 고민을 계속해야 할 것으로 보인다.

제6장

교육 게이미피케이션, 그것이 궁금하다!

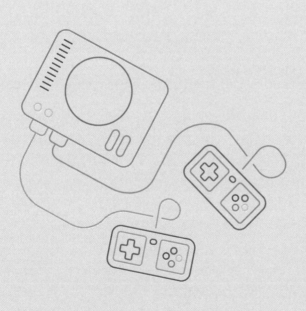

지금까지 게이미피케이션을 활용한 수업 운영과 교수전략에 대해 살펴보았다. 이번 장에서는 구체적인 사례를 통해 게이미피케이션이 실제로 어떻게 적용되었으며, 그 결과는 어땠는지를 자세히 알아보고자 한다. 이를 통해 독자들은 게이미피케이션이 단순한 이론이 아니라 실제 교육 현장에서 효과적으로 사용될 수 있는 강력한 도구임을 이해할 수 있을 것이다.

특히 이해도를 높이기 위해 Q&A 인터뷰 형식을 통해 현장에서 직접 게이미피케이션을 도입하고 활용한 교육자들의 생생한 경험담을 소개할 예정이다. 교육 현장에서 경험했던 게이미피케이션의 성공 사례뿐만 아니라, 도입 초기의 어려움과 이를 극복하기 위한 다양한 전략도 함께 다룰 것이다. 이를 통해 독자들은 실질적인 팁과 노하우를 얻을 수 있기를 바란다. 또한 교육 현장에서 게이미피케이션을 효과적으로 도입할 수 있는 구체적인 방법과 전략에 대해서도 깊이 있게 다룬다. 예를 들어, 어떤 게임 요소를 어떤 방식으로 도입해야 할지, 학습자의 참여를 높이기 위한 방법은 무엇인지 그리고 게이미피케이션 도입 시 주의해야 할 점들은 무엇인지에 대해 상세히 설명할 것이다.

이 책은 단순히 게이미피케이션에 대한 지식을 전달하는 것을 넘어서, 실제 교육 현장에서 이를 효과적으로 활용할 수 있는 실질적인 가이드를 제공하는 것을 목표로 하고 있다. 따라서 이 책을 통해 교수자들은 게이미피케이션을 도입하는 데 필요한 모든 정보를 얻을 수 있을 것이다.

끝으로 이 책은 게이미피케이션이 단순한 유행이 아니라, 미래 교육의 핵심 도구로 자리 잡을 것임을 강조하고 있다. 교수자와 학습자 모두가 더 나은 학습경험을 만들기 위해 게이미피케이션을 적극적으로 도입하고 활용할 수 있기를 기대한다.

독자들은 이 책을 통해 게이미피케이션의 다양한 적용 사례와 실질적인 팁을 얻을 수 있으며, 이를 바탕으로 자신의 교육 현장에서 창의적이고 효과적인 교육 방법을 구현할 수 있을 것이다.

1. 게임 관련 Q&A

> **❯ Q1**
>
> 게임을 잘 모르는 기성세대 교수자로서 게임에 익숙하지 않습니다. 게임 메커니즘을 잘 이해하여 수업에 적용하고 싶은데 조언해 주세요.

게임 콘텐츠는 문화적 자본에 가깝습니다. 향유하지 않으면 받아들이기 어려운 것이 이 문화자본이란 것입니다. 사실 게이미피케이션의 활용을 위해선 전략적 판단과 활용보다는 문화적으로 가까워지는 것이 우선된다고 볼 수 있습니다. 게임 세대의 마음에 한 걸음 다가간다고 해야 할까요?

사실 우리는 누구나 게임을 합니다. 명절 윷놀이만 생각해도 벌써 게임을 즐겼던 적이 있던 것입니다. 보드게임도 좋지만, 간단한 형태의 모바일 게임을 편안하게 즐겨 보는 것을 권합니다.

과금 없이도 재미있게 즐길 수 있는 간단한 모바일 게임을 몇 가지 추천하겠습니다.

① 꿈의 정원(Gardenscapes)

〈꿈의 정원〉은 2016년 Playrix라는 게임회사에서 개발한 게임입니다. 현재 1억 다운로드 이상의 성공을 거둔 게임인데, 이 게임을 추천드린 이유는 바로

매우 단순한 퍼즐과 게이미피케이션의 요소를 절묘하게 결합한 구성과 성공을 거둔 스토리 때문입니다. 퍼즐을 반복해서 플레이하면 정원을 꾸밀 기회를 줍니다. 게임에 친숙해지면서 동시에 게이미피케이션의 요소를 분석할 수 있는 게임이기도 합니다.

② 플로렌스

게임 〈플로렌스〉는 호주의 개발사인 Mountains에서 2018년 개발한 모바일 게임입니다. 3천 원 정도 되는 가격으로 구매를 하는 유료 게임입니다. 25세 여성인 플로렌스가 무료한 삶에서 사랑을 만나게 되는 과정을 게임으로 그려 낸 것인데, 게임이란 콘텐츠가 어떤 언어와 기호로 자신만의 이야기를 풀어 가는지 바로 경험할 수 있습니다. 그리고 게임이 어떠한 매력을 지니고 있는지 찬찬히 곱씹을 수 있는 게임입니다.

③ 클래시로얄

〈클래시로얄〉은 세계적으로 유명한 핀란드의 대표 게임회사 슈퍼셀(Supercell)

에서 2016년에 발매한 모바일 게임입니다. 상대방과 1:1 대전으로 전략을 겨루는 방식입니다. 긴박함과 경쟁, 전략적 판단 등을 처음 경험하기에 매우 좋은 게임이라 할 수 있습니다.

어린 플레이어층이 좋아할 그래픽 요소를 지니고 있어 전 세대를 아우르는 인기를 지금까지도 구가하고 있습니다.

모바일 게임 이외에도 게임에 대하여 충분히 경험할 수 있는 몇 가지 게임을 소개하도록 하겠습니다. 먼저 PC 게임입니다. PC 게임을 즐기려면, 스팀(Steam)이라는 플랫폼을 이해해야 합니다. 스팀은 쉽게 말해 PC에서 게임 애플리케이션을 다운로드할 수 있는 플랫폼입니다. 마치 구글 플레이나 애플 앱스토어처럼 말이죠.

만일 스팀을 하고 이를 설치한다면 이미 MZ세대의 학습자 절반을 놀라게 만들 수 있습니다. 그만큼 게임 세대만 즐기고 있는 플랫폼이기 때문입니다. 만일 이에 대해 처음 들은 분이라면 네이버에서 '스팀'을 검색해 보십시오. 기대한 것과 전혀 다른 검색 결과가 나올 것입니다.

스팀을 설치했다면, 이제 간단하면서도 즐겁게 몰입할 수 있는 게임을 몇 가지 소개하겠습니다.

첫째, 〈팜 프렌지(Fram Frenzy)〉라는 농장 경영 게임입니다. 꾸미지 않은 반복과 몰입의 재미를 느낄 수 있습니다.

둘째, 〈데이브 더 다이버(Dave The Diver)〉라는 게임입니다. 국내의 게임 기업 넥슨에서 처음으로 도전한 스팀형 게임인데, 게임의 초심을 찾았다는 극찬과 함께 플레이어들의 압도적인 응원을 받고 있는 게임입니다. 게임을 잠시 멀리했던 40대 이상의 올드 게이머 역시 이 게임을 하기 위해 스팀에 많이 접속하고 있다고 합니다.

이번엔 보드게임을 추천하겠습니다. 먼저 〈로보77〉이라는 게임입니다. 이 게임은 1993년도 독일에서 개발된 보드게임으로, 매우 간단한 덧셈과 뺄셈으로 구성이 된 파티게임입니다. 남녀노소를 불문하고 누구나 재미있고 쉽게 즐길 수 있는 게임입니다. 더불어 수학 실력도 살짝 키울 수 있답니다.

이 외에도 〈루미큐브〉와 〈젬블로〉와 같은 게임도 매우 훌륭합니다. 요즘은 보드게임의 규칙과 하는 방법 역시 유튜브에서 손쉽게 보고 따라 할 수 있기 때문에 더욱 손쉽게 즐길 수 있을 겁니다.

영화 역시 좋은 영화, 취향에 따르는 영화 그리고 못 만든 영화, 나쁜 영화 모두가 혼재하는 콘텐츠 시장입니다. 게임도 그것과 다르지 않습니다. 앞서 소개한 게임 외에도, 좋은 게임은 상당히 많이 있습니다. 이 역시 영화와 마찬가지로 어떤 게임이 좋은 게임인지 가리는 눈을 기르는 훈련 역시 필요하겠지요. 차근히 즐기다 보면 분명 게임 세대를 이해하는 교수자로 거듭날 것이 분명합니다!

> **Q2**
>
> 게임의 좋은 점도 충분히 인지가 되지만 수업에서 조심해야 하는 부분에 대해서도 알려 주세요.

교육 게이미피케이션은 수업에서 많은 장점을 가지고 있지만, 몇 가지 주의해야 할 부분도 있습니다. 이를테면 다음과 같은 점을 조심해야 한다고 말할 수 있습니다.

① 목표의 왜곡

경쟁 게이미피케이션을 활용할 때 주로 발생하는 일입니다. 게임적인 요소에 너무 집중하는 나머지, 학습에서 요구하는 목표와 과정 등을 잊어버리는 경우가 발생하기도 합니다. 이는 교수자가 적절하게 개입하여 조절해 주는 것이 필요합니다. 목표의 상실이나 왜곡은 게임의 목표와 학습의 목표가 일치하는 상황에서도 일부 승부욕이 강한 학습자에겐 가끔 발생하는 일이기도 합니다. 이 부분은 유의해서 운영을 하는 것이 필요하다고 생각합니다.

② 과도한 경쟁

앞의 내용과 이어지는 내용이기도 합니다. 경쟁은 동기부여 요소로서 효과적일 수 있지만, 너무 과도한 경쟁은 스트레스와 불안을 유발할 수 있으며, 협력과 팀워크를 저해할 수 있습니다. 몰입과 열정은 좋지만 경쟁에 너무 몰입하는 현상은 사실 학습에 있어서 좋은 일은 아닙니다. 적절한 수준의 경쟁 요소로 디자인하는 것 역시 중요하다고 볼 수 있습니다.

③ 학습이 우선시되어야 함

교수자의 마음은 게임을 활용해 더 나은 학습동기를 부여하는 것이 목적이지만, 간혹 학습자에겐 게임이 더 우선시되는 경우가 발생하기도 합니다. 게임의 매력에만 의존하면 반대로 학습의 질이 저하될 수 있으므로 학습의 내용과 게임의 조화를 유지해야 합니다.

사실 이러한 주의점은 수업을 운영함에 있어서 일정 부분 노하우가 생기면 자연스럽게 해결될 부분이라 생각합니다. 경쟁의 과열과 같은 부분은 어찌 보면 그만큼 수업에 몰입하고 있다는 것을 의미하기도 합니다.

> **》Q3**
>
> 게임을 활용하는 수업에서 보상은 너무 중요한데 물질적인 것 이외에 좋은 보상체계는 어떤 것들이 있을까요?

사실 이 부분이 교육 게이미피케이션에 대한 가장 큰 오해라고 생각합니다. 게이미피케이션은 보상체계가 아니라 동기부여의 체계입니다. 보상은 그 중 하나의 요소에 불과합니다. 때문에 사실 물질적 보상을 굳이 따로 준비하지 않아도 좋습니다. 보상이 필요하다면 사탕 하나로도 충분히 그 역할을 수행합니다. 보상이 주는 물질적 보상보다는 리더보드의 순위, 경쟁에서의 승리 등에서 오는 만족감이 훨씬 크기 때문이죠. 이때 얻는 사탕 하나는 사탕이라는 가치가 아니라 승리의 메달과 같은 존재입니다. 그저 사탕 하나보다 훨씬 큰 가치를 가지는 것입니다.

물질적인 보상은 보다 강력한 동기부여 요소일 수 있지만, 게임적인 요소들을 통해 얻는 감정적인 보상과 성취감이 훨씬 더 큰 가치를 지닐 수 있습니다. 리더보드의 순위, 경쟁에서의 승리, 업적 달성 등은 학습자에게 자부심과 동기부여를 제공할 수 있습니다.

교육 게이미피케이션에서 물질적 보상에 의존하는 것보다는 학습자의 성취, 자기만족감, 동료와의 경쟁 등을 강조하는 것이 중요합니다. 이를 통해 학습자는 자발적인 참여와 내적 동기부여를 발전시킬 수 있습니다. 사탕이라는 작은 보상이 그 자체로 큰 가치를 지니는 것처럼, 게임적인 요소들을 통해 얻는 동기부여와 만족감은 학습의 효과를 증진시킬 수 있습니다.

> ▶ **Q4**
> 교육 게이미피케이션에 도전하고 싶은 교수자입니다. 실제 게임을 플레이할 때 어떤 점에 중점을 두면서 게임 경험을 쌓는 것이 좋을까요? 게임 플레이 전, 중, 후로 나누어 설명해 주세요.

어느 게임이든 플레이어를 위한 튜토리얼이 있습니다. 튜토리얼이라는 용어는 말 그대로 사용지침이나 개별 지도와 같은 뜻입니다. 게임을 즐기려면 게임을 즐기는 방법을 배워야 합니다. 즉, 게임의 첫 관문부터 무언가를 배우는 걸 경험하는 것입니다. 잘 만든 게임일수록 튜토리얼의 단계를 매우 세분화하여 플레이어가 게임을 익힐 수 있도록 도와줍니다.

게임을 즐기기 위해서는 지금 이 게임이 나에게 무엇을 가르쳐 주려고 하는 것인지를 파악하는 것이 매우 중요합니다. 왜냐하면 게임을 바로 즐기는 게임 세대와는 다르게 게임에 친숙하지 않은 도전자의 입장에서는 재미를 바로 느끼기가 매우 어렵기 때문입니다. 무조건 배우는 자세로 게임을 맞이해야 합니다. 그렇게 어렵진 않을 겁니다.

내가 어느 정도 게임에 익숙해졌다면 다음은 게임의 재미 요소, 즉 내가 성장하는 요소를 어떻게 유도하는지를 찬찬히 살펴보는 것이 필요합니다. 게임의 재미는 다름 아닌 플레이어의 성장과 그 피드백에서 오는 것입니다.

마지막으로, 게임의 후반에는 어떤 능력을 성장시키고 재미를 주었는지에 대하여 복기하면 좋을 것입니다. 장기나 바둑이라면 상대와의 비슷한 실력이 나에게 큰 도전으로 작용하면서 궁극의 재미를 전달해 줍니다. 방금까지 즐긴 게임 역시 어느 부분에서 나의 실력과 게임에서 마련한 도전이 정확하게 매칭하면서 몰입감을 주었는지를 복기해 볼 수 있습니다. 물론 게임을 플레이한 지 얼마 되지 않았을 시점에는 어려운 도전보다는 이겨 내기 쉬운 도전이 더욱 재미를 줄 것입니다. 그렇다면 그 부분이 어떤 것인지 한번 고민해 볼 때, 게임의 메커니즘을 보다 명확하게 체감할 수 있을 것입니다.

> **Q5**
> 게임을 교육에 적용한다는 개념이 다양한 시도를 생각해 보게 합니다. 게임의 원리 등에 대해 쉽게 이해할 수 있는 영상이나 자료를 추천해 주세요.

알다시피 게임의 역사는 디지털의 역사와 동일한 궤적으로 그 역사가 짧은 편입니다. 저자들이 연구를 시작한 2009년 정도 이후부터 지금까지의 발전 속도와 방향, 범위가 체감할 수 있을 정도로 인식과 분야가 커져 가기 시작했습니다. 콘텐츠의 역사가 짧기에, 제작법이든, 분석법이든 사회에 영향을 미치는 부분을 연구하는 사회과학적 측면이든 모든 분야가 이제 막 싹을 틔웠다는 표현이 맞을 것입니다.

그런 만큼 아쉽게도 무언가 '잘' 정립된 영상이나 자료는 아직 많지 않습니다. 특히 게임을 교육에 활용하고자 하는 분야는 몇몇 우수한 선구자들 외에는 생소한 영역이기도 합니다.

이런 상황 속에서 빛나고 있는 몇 가지 문헌을 소개하겠습니다. 먼저 『Rules of Play』(Tekinbas & Zimmerman, 2003)라는 책입니다. 몇 년 전까지는 원서만 존재했지만, 『게임디자인 원론 1』이라는 제목으로 국내에 번역이 되었습니다. 게임의 주요한 메커니즘을 매우 자세히 정립해 놓은 책입니다.

또한 교육과 게임에 대해서는 경희대학교 김상균 교수님의 저서가 매우 돋보입니다. 이 분야에서 선구자격으로 연구를 진행한 분입니다. 『교육, 게임처럼 즐겨라』(김상균, 2017)를 이 책과 함께 본다면 교육 게이미피케이션 분야에 대하여 어느 정도 감을 잡을 수 있을 것입니다.

2. 교육 게이미피케이션 관련 Q&A

▶ Q1
게이미피케이션은 왜 중요한 화두가 되었을까요?

재미있는 경험을 추구하는 시대 분위기로 게이미피케이션이 중요한 화두가 되고 있습니다. 게이미피케이션은 참여를 촉진하는 데 긍정적인 기여를 합니다. 단순히 재미만 있으면 휘발성으로 그 경험이 날아갈 수 있겠지만 재미도 있으면서 의미도 있다면, 그 경험은 특별한 경험으로 각인됩니다. 코로나 팬데믹 이전에는 "게이미피케이션은 이런 것이에요."라고 열심히 알려야 하는 상황이었지만 팬데믹 상황에 놓이면서 사람들의 행동 반경이 좁아지고, 사람들 사이의 대면 소통이 어려워지면서 자연스럽게 게이미피케이션에 더 많은 관심을 기울이기 시작했습니다.

> **Q2**

게이미피케이션은 왜 중요한가요?

게이미피케이션이 중요한 이유는 무엇보다 적극적인 참여, 지속적인 참여를 유도할 수 있기 때문입니다. 특히 사회 전반에 게이미피케이션의 요구(needs)가 다각도로 반영되어 어떤 서비스나 콘텐츠가 생산되고 있고, 사람들이 게이미피케이션에 대한 개념을 자연스럽게 받아들이면서 게이미피케이션 층(gamification layer)이 사회 전반적으로 이미 형성되었다고 생각합니다.

다시 말해서, 게이미피케이션이 점점 기본(default)값이 되고 있습니다. 예전에는 사람들이 지루한 일에도 참고 견디면서 참여했지만, 요즘에는 재미있고 의미가 있어야 어떤 일이든 적극적으로 참여하려는 경향이 있습니다. 재미와 의미라는 두 마리 토끼를 다 잡는 방향으로 사람들의 요구가 커지고 있습니다.

이처럼 재미도 있고 의미도 있는 경험은 장기기억으로 잘 저장되는 경향이 있습니다. 따라서 게이미피케이션 전략이 잘 적용됐다면 사람들에게 긍정적인 경험으로 각인되기 때문에 다양한 분야에서 게이미피케이션이 점점 더 중요하게 고려되고, 이를 적용하려는 시도가 이어진다고 볼 수 있습니다.

> **Q3**

게이미피케이션의 전망에 대해 어떻게 생각하나요?

게이미피케이션은 기술 발달이 점점 더 고도화되면서 더욱 주목받고 비중 있게 다루어질 것입니다. 기술이 점점 더 발달되면서 제4차 산업혁명 시대, 인공지능 시대, 메타버스 시대가 가속화되고, 지금보다 다양한 분야에서 게이미피케이션이 더 많이 거론될 것으로 예상합니다. 이미 코로나 팬데믹을 경험하면서 우리 생활에는 모바일이나 웹을 통한 온라인 생활 비중이 크게 늘었습니다. 우리가 자주 사용하는 앱이나 웹, 다양한 콘텐츠나 서비스를 잘 들여다보면 재미 요소나 게이미피케이션 전략을 이미 반영하고 있다는 것을 알 수 있습니다. 사람들이 재미도 있으면서 의미 있는 경험을 추구하고 그런 경험에는 돈과 시간을 소비하는 것을 주저하지 않기 때문에 기술의 발달과 함께 게이미피케이션은 점점 더 주목받는 분야가 될 것입니다.

> **Q4**

게이미피케이션은 어떤 분야에서 잘 응용되어 효과를 볼 수 있을까요?

이미 마케팅이나 각종 이벤트에서 게이미피케이션이 적용된 사례는 많이 보았을 것입니다. 금융이나 의료 분야에서도 다양한 게이미피케이션 적용을 시도하고 있습니다. 그중에서 특히 교육 분야에 주목해서 말하고 싶습니다.

코로나 팬데믹을 거치면서 학습격차나 학습에 어려움을 겪는 사례가 많아졌습니다. 교육 분야에서 게이미피케이션은 상위권 학생들보다 중·하위권 학생들에게 적용했을 때 더 긍정적인 효과를 볼 수 있다는 연구가 다수 있습니다. 그 이유는 학습해서 실력이 올라간 것이 열심히 공부했기 때문도 있지만, 공부할 내용에 대해 관심과 재미, 흥미를 가져야 적극적으로 배워 보고 싶은 학습동기가 일어나기 때문입니다. 이 학습동기가 공부하는 행위에 긍정적인 영향을 미치면서 학습에 참여하는 횟수도 늘고, 학습실력에도 긍정적인 영향을 미쳐 학습결과도 좋아지는 방향으로 선순환합니다. 게이미피케이션을 적용한 수업이나 학습은 학생들에게 배워 보고 싶은 마음을 만들고, 그 경험 자체가 즐겁기 때문에 힘든 일도 거뜬히 해낼 수 있는 동력이 됩니다. 재미도 있고 실력도 올라가니 의미도 있는 일석이조, 두 마리 토끼를 다 잡을 수 있다는 점에서 교육 분야에서의 활용이 확대되고 있습니다.

하지만 게이미피케이션을 적용했다고 늘 성공하는 것은 아닙니다. 학습내용이나 학습자의 상황, 연령이나 취향 등을 섬세하게 고려해서 게이미피케이션을 설계해야 합니다. 성공과 실패의 다양한 경험치가 쌓이면 학생들에게 최적화된 게이미피케이션 전략을 구사할 수 있을 것입니다.

> ❱ **Q5**
>
> 교육 게이미피케이션을 제도권 교육 이외에 기업교육이나 평생교육에서도 활용이 가능할까요? 좋은 사례가 있다면 구체적으로 소개해 주세요.

교육 게이미피케이션은 초, 중, 고등, 대학교 교육은 물론, 기업교육이나 평생교육에서도 충분히 활용할 수 있습니다. 특히 자기주도학습에 게이미피케이션을 적용하는 시도는 전 연령에서 유의미한 교육적 시도가 될 수 있습니다.

기업교육에서는 깨달음을 통한 성찰을 실제 업무 현장과 업무 내용에 적용하는 것이 중요합니다. 이를 위해 몇몇 기업교육에 특화된 회사들이 대기업 연수 프로그램으로 게이미피케이션을 활용한 사례가 다수 있습니다. 국내뿐만 아니라 해외에서도 이와 같은 사례가 다수 있는데, 참여자들의 좋은 반응을 얻고 있습니다. 이와 같은 게임 방식을 체험한 후에 지속적으로 게임 메커닉스를 활용할 수 있도록 해당 회사에 맞춤형 프로그램으로 제공하는 경우가 많습니다.

> ❱ **Q6**
>
> 교육 게이미피케이션을 한 학기 동안 운영하고자 하는데 준비하고 정리할 내용이 너무 많은 것 같아요. 좀 더 쉬운 방법으로 수업을 운영하는 전략에 대해 알려 주세요.

기존의 수업 설계를 먼저 점검해 보기를 권합니다. 게이미피케이션이라는 새로운 시도를 한다고 생각하면 미리 준비해야 할 것이 많다는 선입견이 강하게 생길 수 있습니다. 따라서 기존에 운영했던 수업 방식을 먼저 찬찬히 살펴보세요. 그중에서 이미 게이미피케이션을 적용하고 있었던 것도 있고 비슷한 것도 있을 것입니다. 가장 난이도가 낮은 것 단 하나만 선택하고 그것에만 집중하기를 권합니다. 그 한 가지의 게임 방식을 적용했을 때를 시뮬레이션으로, 마음속으로 혹은 지면 위에 그려 보고 실제 수업에서 그 시도를 해 보길 바랍니다.

한 번이라도 게이미피케이션을 시도했다면 그 과정에서 학습자의 다양한 표정과 피드백, 요구사항 등이 추려질 것입니다. 그 사항들을 바탕으로 집중하고 있는 게이미피케이션 요소 한 가지를 좀 더 난이도를 높여서 진행할지, 혹은 다른 게이미피케이션 요소를 추가할지를 결정해 보기 바랍니다.

처음으로 게이미피케이션을 시도하는 상황이라면 한 번에 여러 가지 요소를 함께 사용하기보다 단 한 가지의 게이미피케이션 요소를 시도해 보세요. 그리고 작은 성공의 기쁨, 혹은 수정해야 할 사항들을 점검하면서 다음 차시 수업을 준비하세요. 이 과정이 누적되면 교수자로서 게이미피케이션 수업을 운영하는 데에도 자신감이 생기고, 덤으로 보다 역동적이며 새로운 시도를 과감히 해 볼 수 있는 용기도 얻을 수 있습니다.

Q7
교육 게이미피케이션을 운영하기 위한 교수자의 자세에 대해 알려 주세요.

무언가를 배울 때 즐거웠던 경험, 기억에 남는 순간, 아주 효과적인 공부 방법이라는 깨달음의 시간을 적어 보세요. 그 과정에서 "와우!" "아하!"의 키워드로 분류해 볼 수 있습니다. 자신의 경험에서 이런 감정을 느꼈다면 우리가 가르치는 학습자에게도 그런 경험을 주고 싶다는 생각을 하게 될 것입니다. 이 생각부터 출발해야 합니다. 우리는 종종 우리가 알고 있는 많은 지식을 빠르고 효율적으로 전달하고 싶다고 생각합니다. 이 생각은 한 차시에 이 정도의 학습분량이 적당한지 과한지, 학생들의 이해력은 어느 정도인지 등 학습자 관점으로 배우는 상황을 이해하기가 어려워집니다. 교육 게이미피케이션은 철저히 학습자 중심, 학습자 관점에서 어떤 배움 경험이 될지, 그리고 이 과정이 학습자에게 어떤 배움 여정이 될지를 디자인하는 것입니다. 그 디자인에 재미와 의미를 느낄 수 있도록 게임적 장치가 몇 가지 필요한 것입니다. 이 관점으로 교육 게이미피케이션을 생각한다면 여러분은 이미 자신의 교수법에는 게이미피케이션과 비슷한 것이 있었음을 발견할 수 있습니다. 그리고 그 생각을 좀 더 익혀서 게임적 사고, 게임적 접근방식, 게임적 작동방식을 하나씩 적용해 보기 바랍니다. 학생들이 다양한 피드백을 줄 것이고 그 피드백을 기반으로 자신의 학생들에게 맞고 나의 수업과 결이 맞는 게이미피케이션 방식을 개발하면 됩니다. 새롭고 거창한 시도가 아니라 이미 아주 작은 것, 혹은 비슷한 것을 시도하고 있었다는 것을 깨닫는 경험이 필요합니다. 그 경험부터 시도해 보세요. 그 시도 자체가 교수자로서의 여러분을 한 단계 성장시켜 주는 자양분이 될 것입니다.

3. 플립러닝 관련 Q&A

▶ Q1
플립러닝을 운영할 때, 사전/사후학습을 촉진할 수 있는 전략이 궁금하며 게이미피케이션의 요소가 결부되면 어떤 강점이 있을까요?

플립러닝은 사전학습과 사후학습을 학습자가 스스로 진행해야 하는 학습자 중심 수업모델입니다. 따라서 학습자가 얼마만큼 수업에 적극적으로 참여할 수 있는지가 플립러닝 수업 운영의 성공키가 될 수 있습니다. 그렇기 때문에 학습자들의 자발적 노력을 끌어내기 위한 동기부여가 필요합니다. 그 과정에서 게이미피케이션의 다양한 요소를 플립러닝에 대입하게 된다면 상당히 긍정적인 효과를 거둘 수 있습니다. 특히 게이미피케이션 요소 중에 보상이라는 요소는 학습자들이 동기를 끌어올리기에 매우 좋은 전략입니다. 더불어 다양한 게이미피케이션을 적용함으로써 재미와 흥미를 느끼게 하고 궁극적으로는 교육 목적을 달성하는 데 밑거름이 될 수 있습니다.

> **Q2**
> 플립러닝을 운영할 때, 사전학습(Pre-Class)과 사후학습(Post-Class)에서 각각 과제를 제시하게 됩니다. 그리고 그러한 과제의 결과물을 본차시학습(In-Class)에서 활용하게 되는데, 학생 입장에서는 사전학습과 사후학습의 경계 없이 모두 '과제학습'으로 받아들여질 것입니다. 굳이 두 가지를 구분한 이유가 궁금합니다.

　플립러닝을 운영하는 가장 큰 목적은 학습자들의 학습근력을 높여 궁극적으로 문제 해결 능력과 창의성을 높여 주기 위함입니다. 그렇기 때문에 플립러닝에서 매우 중요한 수업 절차는 본차시학습에서 능동적으로 수업에 참여하는 것입니다. 그런데 본차시학습에서 스스로 무엇인가 학습경험을 하기 위해서는 기초지식이 필요한데, 그 사전준비를 하기 위해 사전학습 절차를 수행하도록 하는 것입니다. 그리고 사전학습을 잘 진행했는가를 측정·점검하기 위해 사전학습내용을 기준으로 한 과제(퀴즈, 요약하기 등)를 제시하는 것입니다. 따라서 사전학습을 수행한 이후의 과제를 사전학습용, '선(先)과제'라고 이해하면 좋을 듯합니다. 그런데 선과제는 사후학습을 모두 수행하고 난 이후의 과제인 '후(後)과제'와는 다른 수준입니다. 선과제는 기초지식을 측정하는 수준이며 후과제는 총괄지식을 측정하는 수준으로 구분 지을 수 있습니다.

　결국 플립러닝의 목적은 완전학습을 수행하는 것입니다. 완전학습을 위해서는 학습자가 사전학습을 통해 미리 자신의 선지식을 형성하고 본차시학습에 참여하여 열심히 학업 성취를 경험하게 하여 결과적으로 사후학습을 통해 자신의 학습을 총괄적으로 정리하는 과정으로 연계하는 것이 바람직합니다. 한편, 학생들의 입장에서 아무리 좋은 수업이라고 할지라도 과도한 수행을 요구하면 부작용이 따를 수 있습니다. 그러나 참지식을 형성해 나아가는 과정을 잘 설명하고 또 부가적으로 수행에 따른 평가(형성평가 등)와 보상을 적절하게 안배하면 학습력도 높이고 자기주도학습 근력도 높이는 긍정적인 효과를 도출할 수 있을 것으로 생각합니다.

> **Q3**

학습활동에서 적극성을 띤 학생들에게 보다 좋은 평가를 해 주고 싶은데, 합리적인 평가방법이 있을까요?

플립러닝의 꽃은 협력·협동학습이라고 해도 과언이 아닙니다. 협력·협동학습은 학생들이 서로 협업하고 공동의 문제를 해결하기 위해 모두가 적극적으로 팀 활동에 참여하는 것이 매우 중요합니다. 그런데 실제로 모든 학생이 수업에 적극적이지는 않습니다. 그리고 평가방식도 팀 활동을 수행한 과정에서 집단점수를 부여하는 사례가 많습니다. 그래서 일부 학생들은 팀을 형성하긴 했으나 열심히 참여한 학생과 그렇지 않은 학생들 간에 공정한 평가를 요구하는 경우가 많습니다. 만일 공정한 평가가 이루어지지 않으면 한 학기 내내 교수자가 아무리 열심히 수업을 진행했어도 불만족스러운 수업으로 평가되기 쉽습니다. 그래서 교수자는 평가전략을 보다 세심하게 설계할 필요가 있습니다. 협력·협동학습을 운영하고 평가할 때 염두에 두어야 할 사항은 바로 평가의 공정성입니다.

그럼 어떻게 하면 평가를 합리적으로 수행할 수 있을까요? 우선 팀 활동에 적극성을 띤 학생들에게 개인평가를 진행하는 것입니다. 개인평가를 진행하기 위해서는 사전에 각자 맡은 역할에 충실했는가를 기준으로 상호 동료평가를 실시해야 합니다. 이때 학생들이 자신의 역할에 대한 구체적인 책무가 무엇인지 인식시키기 위해서 역할 정보를 정확히 알려 주는 것이 필요합니다.

학습자들에게 개별 역할을 부여하기 위해서는 크게 네 가지 범주로 구분하여 균형을 맞추는 것이 필요합니다. 다음에 제시된 팀 학습을 위한 역할 가이드에서는 '수행 점검, 환경 점검, 인지 점검, 동기 점검'의 네 가지 구분을 기준으로 세부적인 역할과 활동 사항들을 설명하고 있습니다. 이를 참고하여 학습자들에게 적절한 역할을 부여하기 바랍니다.

⊡ 표 6-1 **무임승차 방지를 위한 역할 가이드**

번호	구분	역할명	활동 내용
1	수행 점검	진행 전문가	과제가 원활히 진행되도록 돕고, 모든 모둠원이 지시 사항을 정확히 이해하도록 지원함
2	수행 점검	발표 전문가	다른 모둠이나 학급 전체 앞에서 발표함
3	수행 점검	활동 기록자	모둠이 어떻게 함께 활동하는지 기록함
4	수행 점검	성찰 유도자	모둠원들이 지난 활동을 되돌아보고, 활동 과정을 정리하도록 이끎
5	수행 점검	대외 협력자	다른 모둠과의 친선을 유지하고 좋은 정보를 교류함
6	환경 점검	시간 관리자	모둠원들이 주어진 시간을 준수하도록 도움
7	환경 점검	자료 수호자	필요한 자료를 철저히 챙기고 관리함
8	환경 점검	안전 관리자	위험을 초래할 수 있는 기물이나 장비 사용 시 안전 수칙이 잘 지켜지고 있는지 확인함
9	환경 점검	도구 관리자	모둠원 모두가 필요한 학습도구를 다 갖췄는지 확인함
10	환경 점검	소음 방지자	자기 모둠이 너무 소란스러워 다른 모둠을 방해하지 않도록 관리함
11	환경 점검	정리 전문가	학습 도구를 수거하거나 나눠 주고 정리를 도움
12	환경 점검	아이디어 연결자	모둠의 아이디어를 기존에 공부한 내용이나 교실 밖 상황과 연결함
13	인지 점검	이해 촉진자	모든 모둠원이 내용을 제대로 이해했는지 수시로 확인함

〈계속〉

14	인지 점검	기록자	모둠의 결정 사항이나 문제에 대한 답을 기록하고, 토론 내용을 정리함
15	인지 점검	질문 전담자	모둠원 중 질문이 있는 동료 학습자가 있는지 확인하고, 과제에 깊이 몰입하고 넓게 사고할 수 있도록 질문을 유도함
16	인지 점검	요점 정리자	모둠에서 토의한 요점을 강조하고, 학습활동이 흐트러지지 않도록 관리함
17	인지 점검	재설명자	이해도를 높이기 위해 이전 사람의 발언을 다시 전달함
18	인지 점검	건설적 비판가	모둠 내에 숨겨진 대립된 생각을 탐구하고, 새로운 가능성을 제시함
19	인지 점검	교수자 해바라기	모둠 내에서 해결되지 않는 문제에 대해 교수자에게 도움을 요청함
20	인지 점검	설명자	모둠 내에서 거론되는 다양한 문제를 정리해서 설명함
21	동기 점검	동기부여가	모든 모둠원이 활발히 참여하도록 격려하고 팀 내의 크고 작은 성취를 축하함
22	동기 점검	칭찬 메신저	모둠원의 아이디어나 역할 수행에 대해 구체적으로 칭찬함
23	동기 점검	활력 부여자	모둠 활동에 소극적인 모둠원들을 활발히 참여시키고, 모둠에 활기를 불어넣음
24	동기 점검	열정가	모둠 활동 시작과 끝에 아이스브레이킹을 진행하여 팀 내 분위기를 고조시킴
25	동기 점검	희망 전도사	모둠원들에게 긍정적인 에너지를 전파하고, 학습 과정에서 시련이 있어도 희망을 잃지 않도록 격려함

Q4

플립러닝처럼 학습자가 중심이 되어야 하는 수업구조에서는 학습자들이 적극적으로 수업에 참여하는 것이 전제가 되어야 하는데 어떻게 하면 학습자들이 동기부여될 수 있는지 알려 주세요.

수업에서 동기부여라는 것이 얼마나 어려운지에 대해 많은 분이 공감하실 것입니다. 그와 관련하여 켈러[1]라는 교수자는 동기유발 교수설계이론을 제시했습니다. 그 네 가지 요건에서 동기부여의 실마리를 찾아보는 건 어떨까요?

수업에서 동기유발의 네 가지 요건을 '주의집중, 관련성, 자신감, 만족감'으로 보고 이러한 요건을 충족시키도록 수업을 설계하면 효과적인 수업이 된다는 이론입니다. 이는 네 가지 요건의 영문 앞 글자를 따서 ARCS 전략이라고도 합니다. 켈러는 자신의 저서인 『Motivational Design for Learning and Performance』에서 거시적으로 학습동기이론의 주요한 네 가지 요소(주의집중, 관련성, 자신감, 만족감)가 어떻게 학습자의 노력과 수행, 결과에 영향을 끼치는지에 대해 설명했습니다.

ARCS 학습동기이론은 학습자에게 동기를 유발하고 유지를 위한 구체적인 처방 전략을 제시하고 있고, 교수설계 모형들을 병행하여 활용할 수 있는 동기설계의 체계적 과정을 보여 줍니다. 성공적인 수행 효과를 얻을 수 있는 학습설계의 구성내용으로 학습에 대한 학습자의 관심과 흥미를 가지는 것을 의미하는 학습주의력(Attention), 학습자 자신의 삶에 있어 중요한 무언가와 관련되어 있는 것의 지각을 의미하는 학습관련성(Relevance), 학습자가 투여하는 노력이 목표의 획득을 가져올 것이라는 가능성에 대한 신념을 의미하는 학습자신감(Confidence), 학습자의 학습노력의 결과에 대한 기대 일치 및 계속적 학습욕구를 의미하는 학습만족감(Satisfaction)의 네 가지 범주로 설명할 수 있습니다.

---

1) 존 M. 켈러(John M. Keller, 1938년 3월 5일 ~)는 미국의 교육심리학자이다.

각 범주는 또 다른 하위 범주로 나뉘며, 각 하위 범주마다 특정 전략 사항들을 도출해 낼 수 있습니다. 그와 관련하여 ARCS 학습동기이론의 네 가지 범주와 열두 가지 하위 범주를 다음과 같이 표로 제시하니 참고하기 바랍니다. 여러분은 표의 내용을 검토하고 실제 수업에서 어떻게 하면 ARCS를 행사할 수 있을 것인지에 대한 방법을 고민하여 자신만의 학습동기부여 전략을 구축할 것을 권유합니다.

표 6-2 학습자 동기유발 전략

범주	하위 범주	동기유발 질문	지원 전술	예시
주의집중 (Attention, A)	A1. 지각적 주의집중	흥미를 끌기 위해 무엇을 할 수 있을까?	호기심을 증가시키기 위해 참신한 내용, 모순된 내용, 역설적 사건, 교수 상황에 정보를 사용하여 흥미 유발	목소리 크기, 조명 밝기, 온도 변화, 깜짝 뉴스
	A2. 탐구적 주의집중	탐구하는 태도를 어떻게 유발할까?	학습자 스스로 새로운 정보를 추구하고, 질문과 문제 해결 활동을 통한 동기유발 효과	멀티미디어 설계, 교구 배치, 점진적 노출과 같은 프레젠테이션 기법
	A3. 변화성	그들의 주의집중을 어떻게 지속시킬 수 있을까?	주의집중을 어떻게 유지할 수 있을 것인가에 대한 교수방식의 변화	유튜브 매체를 활용한 프레젠테이션, 그룹 활동
관련성 (Relevance, R)	R1. 목적 지향성	학습자의 요구를 어떻게 최적으로 충족시켜 줄 수 있을까?	수업의 유용성에 대한 진술문이나 실례를 제공하고 목적을 제시하거나 학습자들에게 목적을 정의하라고 함	직무와 관련된 예시 사용
	R2. 모티브 일치	수업을 학습자의 학습양식과 개인적 흥미에 언제, 어떻게 연결시킬까?	개인적인 성공기회, 협동학습, 지도자적 책임감, 긍정적인 역할 모델 등의 제공을 통해 학습자 동기와 가치에 민감하게 반응하는 수업을 구성	협력적 집단 활동

〈계속〉

	R3. 친밀성	수업과 학습자의 경험을 어떻게 연결시킬까?	학습자가 이미 알고 있거나 가지고 있는 지식, 정보, 경험 등에 바탕을 두고 교재와 개념들을 친밀하게 만들어 줌	학생 개인의 참여 유도, 학생의 이름 불러 주기, 경험과 아이디어 요구
자신감 (Confidence, C)	C1. 학습요건	성공에 대한 긍정적 기대감을 어떻게 키워 줄 수 있을까?	수행에 필요한 조건과 평가 기준을 제시하여 학습자가 성공에 대한 기대감을 갖게 하는 것	학습에서 어떤 수행이 요구되는지, 평가 준거가 무엇인지 명확하게 알려 주기
	C2. 성공기회	자신의 역량에 대한 믿음을 향상시킬 수 있는 학습경험을 어떻게 제공할까?	의미 있는 성공의 경험을 할 수 있는 정도를 도전할 만한 문제로 제시하는 것	비교적 난이도가 낮은 과제를 부여한 후 피드백 제공
	C3. 개인적 통제	학습자가 자신의 성공이 스스로의 노력과 능력에 의한 것이라고 어떻게 알 수 있을까?	개인적 통제를 할 수 있도록 수업과 긍정적인 피드백을 제공함으로써 학습자 스스로 노력과 능력을 갖고 있다고 믿게 하는 것	체험학습 기회 등으로 스스로의 문제해결 기회를 제공한 후 피드백 제공
만족감 (Satisfaction, S)	S1. 내재적 강화	학습경험에 대한 학습자들의 내재적 즐거움을 어떻게 격려하고 지원할까?	학습자에게 그들이 배웠던 것에 대한 가치를 확인시켜 주는 것과 함께 목적 달성에 대한 그들의 자존감을 강화하는 것	적절하게 활용된 칭찬
	S2. 외재적 보상	학습자의 성공에 대한 보상으로 무엇을 제공할까?	바람직한 행동을 계속 유지하도록 강화와 피드백을 사용하는 것으로 외적인 보상을 의미하는 것	표창장, 문구류, 기념품 등
	S3. 공정성	공정성 처리에 대한 학습자들의 지각을 어떻게 만들어 줄까?	학업 성취에 대한 기준과 결과가 일관성 있게 유지되는 것	예측 가능한 평가 지표, 평가 루브릭 제공

참고문헌

김동표(2017. 10. 16.). 美해군, 핵 잠수함 조종에 'X박스' 컨트롤러 쓴다. https:// www.asiae.co.kr/article/2017101608511102074

김민철(2022). 디지털 세대 격차와 부모의 자녀 게임 이용 중재: 부모가 된 게임 세대, 한국콘텐츠학회 논문지, 22(12), 687-694.

김민철, 박성진(2022). 리텐션과 과금 모델 반영을 위한 게임의 장르 융합 프레임워크 개발 연구. 한국게임학회 논문지, 22(6), 69-80.

김상균(2017). 교육, 게임처럼 즐겨라. 홍릉과학출판사.

김상균(2019). 가르치지 말고 플레이하라. 플랜비디자인.

김주혜, 김영우, 박광현, 안현기, 원용국, 최정혜(2022). 인공지능기술 활용 언어교육: 기계번역, 챗봇, 메타버스, 자연어처리, 음성처리. 교육과학사.

김지연, 도영임(2014). 부모 세대와 청소년 세대의 온라인 게임에 대한 인식차이: 온랑니 게임의 유해성/유익성, 영향과 가치, 부모-자녀 관계, 규제에 대한 인식을 중심으로. 한국심리학회지 문화 및 사회문제, 20(3), 263-280.

노혜란, 박선희, 최미나(2012). 교육방법 및 교육공학. 교육과학사.

어기선(2022. 10. 21.). [역사속 경제리뷰] 살인적 노동시간 투영된 0교시. 파이낸셜리뷰. http://www.financialreview.co.kr/news/articleView.html?idxno=22973

이선영, 박주현, 최정혜(2019). 기능성게임을 활용한 게이미피케이션 영어 발음 학습이 초등학생의 정의적 영역에 미치는 영향, 한국게임학회, 19(2), 111-122.

이선영, 최정혜, 박주현, 성미정(2019). 초등 영어 음소 구별을 위한 디지털 게임 기반 학습효과에 대한 뇌반응(ERP) 연구, 한국멀티미디어언어교육학회(KAMALL), 22(2), 50-69.

조은하(2013). 게임포비아, 호모루덴스에서 사이버스페이스까지. 한국콘텐츠학회, 13(2), 137-146.

조현철, 이윤주(2006. 4. 10.). 인권 뭉개는 '바리깡' 폭력. 경향신문. https://www.khan.co.kr/national/education/article/200604102256591

최정빈(2018). 배움을 바로잡다, 플립드 러닝. 성안당.

최정빈, 강승찬(2016). 성공적인 Flipped Learning을 위한 수업컨설팅 요소 및 절차 연구. 한국공학교육학회.

최정빈, 김은경(2015). 공과대학의 Flipped Learning 교수학습모형 개발 및 교과운영 사례. 한국공학교육학회.

최정혜(2016). 초등 학습자의 영어 말하기능력 향상을 위한 교육 게이미피케이션 접목 스마트 러닝 설계, 한국게임학회, 16(3), 7-16.

최정혜, 방승호(2021). 청소년 게임 과몰입 해소를 위한 e-스포츠 온라인 수련 활동 프로그램 효과성 연구: '온라인 롤(League ofLegends: LoL) 게임학교'를 중심으로. 한국게임학회, 21(5), 133-142.

한국게임학회 기능성게임연구회(2018). Game 무한 진화를 꿈꾸다: 게이미피케이션, 기능성게임. VR · AR을 넘어. 홍릉과학출판사.

Bandura, A. (1977). *Social Learning Theory*. Oxford, England: Prentice-Hall.

Choi, F. J., & Choi, J. B. (2021). Development of Gamification Model for Flipped Learning. *International Journal of Crisis & Safety*, 7, 68-79.

Choi, F. J. (2021). The Effects of Immersive Learning for Poetry Writing via a VR GAME for Generation Z Students' Creativity: Focusing on "Forum VR: Artist of Oz". *Robotics & AI Ethics*, 6, 33-44.

Choi, F. J., & Bang, S. (2021). Impact of "The Online League of Legends (LoL) Game School" Program on the COVID-19 Education Crisis: Focusing on Korean Students' Affective Domain. *Robotics & AI Ethics*, 6(3), 43-51.

Csikszentmihalyi, M. (2004). 몰입, FLOW: 미치도록 행복한 나를 만난다 (*Flow: The Psychology of Optimal Experience*). 한울림. (원저는 1990년에 출판).

Djaouti, D., Alvarez, J., Jessel, J. P., & Rampnoux, O. (2011). Origins of serious games. In M. Ma, A. Oikonomou, & L. C. Jain (Eds.), *Serious games and edutainment applications* (pp. 25-43). Springer.

Gündüz, A. Y., & Akkoyunlu, B. (2019). Student Views on the Use of Flipped Learning in Higher Education: A Pilot Study. *Education and Information Technologies, 24*(4), 2391-2401.

Hammami, J., & Khemaja, M. (2019). Towards Agile and Gamified Flipped Learning Design Models: Application to the System and Data Integration Course. *Procedia Computer Science, 164*, 239-244.

Huang, B., & Hew, K. F. (2018). Implementing a Theory-driven Gamification Model in Higher Education Flipped Courses: Effects on Out-of-class Activity Completion and Quality of Artifacts. *Computers & Education, 125*, 254-272.

Manzano-León, A., Camacho-Lazarraga, P., Guerrero, M. A., Guerrero-Puerta, L., Aguilar-Parra, J. M., Trigueros, R., & Alias, A. (2021). Between Level Up and Game Over: A Systematic Literature Review of Gamification in Education. *Sustainability, 13*(4), 2247.

McGonigal, J. (2012). 누구나 게임을 한다 (*Reality is broken*). (김고영 역). 랜덤하우스 코리아. (원저는 2011년에 출판).

Ryan, R. M., Rigby, C. S., & Przybylski, A. (2006). The motivational pull of video games: A self-determination theory approach. *Motivation and Emotion, 30*(4), 344-360.

Safapour, E., Kermanshachi, S., & Taneja, P. (2019). A Review of Nontraditional Teaching Methods: Flipped Classroom, Gamification, Case Study, Self-learning, and Social Media. *Education Sciences, 9*(4), 273.

Salen, K., & Zimmerman, E. (2010). 게임디자인 원론 1 (*Rules of Play: Game Design Fundamentals*). (윤형섭, 권용만 공역). 지코사이언스. (원저는 2003년에 출판).

Segura-Robles, A., Fuentes-Cabrera, A., Parra-González, M. E., & López-Belmonte, J. (2020). Effects on Personal Factors through Flipped Learning and Gamification as Combined Methodologies in Secondary Education. *Frontiers in Psychology, 11*, n1103.

Zap, N., & Code, J. (2009). Self-regulated learning in video game environments. In R. E. Ferdig (Ed.), *Handbook of research on effective electronic gaming in education* (pp. 738-756). IGI Global.

찾아보기

최정빈(Choi Jeong-Bin) danyabin@gmail.com

교육과정, 교육평가, 교육공학 전공으로 추계예술대학교 교양학부 교수로 재직 중이다. 충북대학교에서 교육학 박사학위를 취득하였다. 학습자 중심의 교수법 전문가로 주로 'AI활용 신교수매체 교수법' 'Flipped Learning 교수설계' '미래핵심역량기반 교육과정개발' '생성형 AI를 활용한 Active Learning' '비지시적 코칭교수법' '메타인지 개발을 위한 토의·토론 교수법' 분야의 연구자이자 실천가로서 활발한 활동을 하고 있다. 더불어 25년간의 노하우를 집대성하여 위버멘쉬 교육연구소를 운영하고 있으며 공교육에서 고등교육, 공공HRD, 기업교육, 산업현장 직무교육에 이르기까지 다양한 교수자들을 대상으로 교수법 강연과 컨설팅을 수행하고 있다. 대표 저서로는 『배움을 바로잡다! 플립드 러닝 교수설계 및 수업전략』, 『모두가 행복한 인성중심 배움 수업 이야기』, 『최고의 교수전략, 교수설계와 교과목 포트폴리오』, 『교수자용 학생 포트폴리오 상담가이드』, 『성공적인 프레젠테이션을 위한 IDEA 전략』 등이 있으며, 대표 논문은 「Flipped Learning PARTNER 교수학습모형개발」과 「Flipped Learning 수업컨설팅 요소 및 절차연구」 등이 있다.

김민철(Kim Min-chul) take@seoil.ac.kr

게임 및 문화산업 전공으로 서일대학교 AI융합콘텐츠학과 학과장으로 재직 중이다. 강원대학교에서 영상문화학 박사학위를 취득하였다. 게임이 좋아서 게임을 전공하고 게임과 관련된 학문을 공부했다. 학사, 석사, 박사 모두 게임 및 문화 콘텐츠를 전공으로 공부했으며 '부모의 디지털 게임 콘텐츠 인식격차와 청소년 자녀의 행복'이라는 인지심리 기반의 연구 주제로 박사학위를 받았다. 이후 약 10년간 게임 개발 스타트업 운영 및 대기업의 게임 개발 파트에서 개발 실무를 경험하였다. 개발에 참여한 주요 게임으로는 〈I Have A Kingdom〉, 〈Extreme Golf〉, 〈Play Together〉 등이 있다. 대표 논문은 「The Effect of Parents' Game Perception on Children's Life Satisfaction」, 「온라인 게임 운영 서비스만족도 요인에 대한 연구」, 「디지털 세대 격차와 부모의 자녀 게임 이용중재: 부모가 된 게임세대」 등이 있다.

최정혜(Choi Jung-Hye) fran_choi37@naver.com

영어교육학 전공으로 덕성여자대학교, 명지대학교, 고려사이버대학교에서
에듀테크 영어 콘텐츠 개발, 스마트 영어교육 방법론, AI 멀티미디어 외국
어교육, 놀이와 게임 활용 영어교육, 영어논리 및 논술 등의 과목을 가르
치고 있다. Walden University에서 교육학 박사학위를 취득하였다. 놀이와
게임, 게이미피케이션을 활용한 영어 수업을 설계하고 학생들을 가르치며
관련 연구를 하고 있다. 전직 신문기자로 교육 분야에 관심을 가지게 되
었고 영어를 가르치는 즐거움과 재미에 온전히 몰입하면서 게이미피케이
션을 활용한 교수 · 학습방법을 개발하고 효과성을 연구하고 있다. 대표
저서는 『Game, 무한 진화를 꿈꾸다: 게이미피케이션, 기능성게임, VR/AR
을 넘어』, 『게임은 게임이다: 게임 x 순기능』, 『인공지능기술 활용 언어교육:
기계번역, 챗봇, 메타버스, 자연어처리, 음성처리』 등이 있다.

게이미피케이션을 적용한 플립러닝(NABI) 교수설계 및 수업전략

게임처럼 배우면 얼마나 좋을까

How Great Would It Be To Learn Like A Game
-Flipped Learning (NABI) Instructional Design Applying Gamification

2024년 10월 25일 1판 1쇄 인쇄
2024년 10월 30일 1판 1쇄 발행

지은이 • 최정빈 · 김민철 · 최정혜
펴낸이 • 김진환
펴낸곳 • (주) **학지사**

04031 서울특별시 마포구 양화로 15길 20 마인드월드빌딩
대표전화 • 02)330-5114   팩스 02)324-2345
등록번호 • 제313-2006-000265호

홈페이지 • http://www.hakjisa.co.kr
인스타그램 • https://www.instagram.com/hakjisabook

ISBN 978-89-997-3253-9 93370

정가 17,000원

출판미디어기업 **학지사**

간호보건의학출판 **학지사메디컬** www.hakjisamd.co.kr
심리검사연구소 **인싸이트** www.inpsyt.co.kr
학술논문서비스 **뉴논문** www.newnonmun.com
교육연수원 **카운피아** www.counpia.com
대학교재전자책플랫폼 **캠퍼스북** www.campusbook.co.kr